ICT-Innovationen erfolgreich nutzen

Jens Böcker • Mark Klein

ICT-Innovationen erfolgreich nutzen

Wie Sie Wettbewerbsvorteile für Ihr Unternehmen sichern

 Springer Gabler

Prof. Dr. Jens Böcker
Hochschule Bonn-Rhein-Sieg, St. Augustin
Deutschland

Mark Klein
Düsseldorf, Deutschland

ISBN 978-3-658-00138-4   ISBN 978-3-658-00139-1 (eBook)
DOI 10.1007/978-3-658-00139-1

Die Deutsche Nationalbibliothek verzeichnet diese Publikation in der Deutschen Nationalbibliografie;
detaillierte bibliografische Daten sind im Internet über http://dnb.d-nb.de abrufbar.

Springer Gabler
© Springer Fachmedien Wiesbaden 2012

Lektorat: Stefanie Brich/Margit Schlomski

Gedruckt auf säurefreiem und chlorfrei gebleichtem Papier

Springer Gabler ist eine Marke von Springer DE. Springer DE ist Teil der Fachverlagsgruppe Springer
Science+Business Media.
www.springer-gabler.de

Geleitwort

Kennen Sie diese Situation? Marketing und Vertrieb setzten sich begeistert für neue Produkte und Services ein. Es wird das Ziel verfolgt, das Produktportfolio aufzuwerten, weiter zu entwickeln und damit Vorteile im Wettbewerb zu gewinnen. Und dann kommt der prüfende Blick auf die IT und Telekommunikation: Können wir das überhaupt? Haben wir die Voraussetzungen? Wie lange wird die Umsetzung dauern?

Diese Fragen lähmen den gewünschten Fortschritt. Dabei zeigt sich: Unternehmen, die an überholten technologischen Lösungen festhalten, reduzieren ihre Chancen im Markt. Unternehmen, die technologische Trends schneller aufgreifen, sind ihren Konkurrenten immer eine Nasenlänge voraus. Die Wettbewerbsfähigkeit von Unternehmen hängt entscheidend von der Fähigkeit ab, sich schnell auf Märkte und wechselnde Kundenanforderungen einzustellen. Unternehmen, die diese Fähigkeit besitzen, verfügen über entscheidende Wettbewerbsvorteile bei Zeit, Qualität und Kosten.

Innovative Lösungen aus der Informationsverarbeitung und Telekommunikation (ICT) sind dabei wichtige Voraussetzungen: Das ICT-Know-how entscheidet über machbar oder nicht machbar, flexibel oder nicht flexibel, sofort oder irgendwann umsetzbar. Die frühzeitige Kenntnis und Beherrschung von ICT wird mehr und mehr zum zentralen Wettbewerbsvorteil. Der alte „IT-Hausmeister", der den neuen Druckertreiber installiert und die bestehende Infrastruktur verwaltet, gehört definitiv der Vergangenheit an. Heute ist die ICT-Infrastruktur strategischer Eckpfeiler des gesamten Unternehmenserfolges.

Darum ist es umso verwunderlicher, dass sich Unternehmen teilweise sehr zögerlich mit neuen Technologien auseinandersetzen. Viele Unternehmen warten ab, bis aus ihrer Sicht eine gewisse technologische Reife erkennbar ist. Wieder andere ignorieren sogar jede Form von Entwicklung und setzen sich erst dann mit neuen Möglichkeiten auseinander, wenn die alten Lösungen nicht mehr laufen.

Überzeugt davon, dass Unternehmen, die sich aktiv mit neuen Technologien beschäftigen, erfolgreicher im Markt sind, verfolgen die beiden Autoren einen unkonventionellen Blickwinkel: Welche Barrieren sind es eigentlich, die die Unternehmen davon abhalten, sich mit neuen Technologien intensiv auseinanderzusetzen? Und wie können diese Barrieren wirkungsvoll überwunden werden?

Für eine aktuelle Markteinschätzung wurde eine eigenständige Untersuchung an der Hochschule Bonn-Rhein-Sieg durchgeführt, in der zahlreiche Unternehmen zu ihrem aktuellen und zukünftigen ICT-Investitionsverhalten befragt wurden. Darüber hinaus wird anhand konkreter Beispiele aufgezeigt, wie sich Unternehmen mit neuen Technologien auseinandersetzen und welche Erfahrungen sie dabei machen.

Gerade diese Beispiele zeigen, wie viel Unternehmen voneinander lernen können und dass dieses Wissen bis heute noch viel zu wenig genutzt wird. Diese Erfahrungen können branchen- und unternehmensübergreifend analysiert und als Blaupause zum Nachmachen genutzt werden.

Eine zusammenfassende Analyse der Befragungsergebnisse und Praxisbeispiele bilden einen pragmatischen Handlungskatalog. Konkrete Möglichkeiten werden aufgezeigt, wie verschiedene Barrieretypen überwunden und konstruktive Lösungsansätze gefunden werden können.

Pflichtlektüre ist dieses Buch damit für Manager von Unternehmen, die sich aktiv mit neuen ICT-Möglichkeiten auseinandersetzen und sie konsequent implementieren wollen. Es ist auch für diejenigen, die die mit Investitionen verbundenen Widerstände nicht akzeptieren und entschlossen nach Lösungsmöglichkeiten suchen.

Ich wünsche Ihnen viel Spaß beim Lesen und viele konstruktive Ideen für die erfolgreiche Umsetzung ihrer ICT-Strategie.

Ihr
Achim Berg
Corporate Vice President Mobile
Communications Business & Marketing
Microsoft Corporation

Inhaltsverzeichnis

Bedeutung des passenden ICT-Ansatzes für Unternehmen

Die Erfahrungen der Jahre 2008 bis 2010 zeigen, dass die Volatilität der Märkte stark zunimmt. Nachfrageschwankungen, d.h. der schnelle Wechsel zwischen Boom- und Krisenphasen, werden zunehmend zur Herausforderung für Unternehmen. Die Konsequenz hieraus ist für Unternehmen entsprechende Bedingungen zu schaffen, um sich in allen Bereichen auf diese Veränderungen einstellen zu können. Das betrifft insbesondere die Produktions- bzw. Dienstleistungskapazitäten sowie die Personalstrukturen. Ebenfalls sind dabei Anpassungen der unterstützenden Unternehmenseinheiten erforderlich. Hierbei spielt die Informations- und Kommunikationstechnologie (ICT) eine entscheidende Rolle, um Unternehmen die gewünschte Flexibilität und Schlagkraft im Wettbewerb zur Verfügung zu stellen.

Vor diesem Hintergrund zeichnen sich spezifische Charaktereigenschaften der deutschen Unternehmenslandschaft ab. Hierzu zählen eine kontinuierliche Produkt- und Dienstleistungsinnovation, eine Flexibilisierung der Arbeitsweise im Sinne eines sich schnell anpassenden „atmenden Unternehmens" sowie eine stetige Verbesserung der Produktivität. Zur weiteren Steigerung der Produktivität bedarf es eines spürbaren Beitrags seitens der ICT. Gerade aber bei der Nutzung von ICT schneidet Deutschland im internationalen Vergleich erstaunlicherweise unterdurchschnittlich ab. So sind die Entwicklung und die Nutzung von ICT-Lösungen in den USA deutlich stärker ausgeprägt, wodurch die US Wirtschaft in der Vergangenheit deutlich höhere Produktivitätszuwächse verzeichnen konnte (vgl. Cohen, Daniel/ Garibaldi, Peitro/ Scarpetta, Stefano: The ICT Revolution, 2004, New York , S.50 ff.).

Die aktuellen Kerntrends, wie beispielsweise die bessere Ausnutzung von ICT-Infrastrukturen, die Mobilisierung von Unternehmensanwendungen und die Vergabe von ICT-Leistungen an spezialisierte Dritte (Externalisierung) leisten einen zentralen Beitrag die Produktivität in Unternehmen nachhaltig zu erhöhen. Jedoch scheint es vielfältige Hürden zu geben, welche die umfassende Nutzung von innovativen ICT-Lösungen in deutschen Unternehmen immer wieder verzögern oder gar verhindern.

Ziel dieses Buches ist es, für die wichtigsten ICT-Lösungen bzw. damit verbundenen Fokustechnologien im deutschen Markt die tatsächlichen (objektiven) oder empfundenen (subjektiven) Hürden zu ermitteln, welche eine stärkere ICT-Nutzung verhindern. Zusätzlich sollen Handlungsempfehlungen für die Marktteilnehmer (Anbieter und Nutzer) abgeleitet werden; diese sollen es ermöglichen, die mit ICT-Lösungen verbundenen Produktivitätssteigerungen stärker zu erschließen. Ferner sollen Erfahrungen von Unternehmen, welche ICT-Technologien erfolgreich eingeführt haben, dargestellt und analysiert werden. Deren Erfahrungen, die erzielten Effekte und die Lessons Learned dieser Unternehmen stellen die Möglichkeiten von ICT-Technologien pragmatisch dar und zeigen so für andere Unternehmen konkrete Umsetzungsideen auf.

Die Kernerkenntnisse dieser Unternehmen werden zu Handlungsempfehlungen zusammengefasst, so dass Unternehmen selbstständig die für sie beste Lösung ermitteln und implementieren können.

Grundlage hierfür bietet eine in 2011 durchgeführte Studie unter deutschen Unternehmen, die darauf abzielt konkrete Hürden bei dem Einsatz von ICT-Lösungen (Fokustechnologien) zu ermitteln und Handlungsempfehlungen für deren Überwindung zu erarbeiten. Zusätzlich wurden Tiefeninterviews mit Unternehmen durchgeführt, welche bereits Erfahrungen bei der Auswahl und anschließenden Implementierung von ICT-Lösungen machen konnten.

Der Aufbau des Buches orientiert sich an folgender Struktur: Zunächst werden die grundlegenden Begriffe und theoretischen Hintergründe von ICT anschaulich definiert. Hierzu zählt auch die Herleitung und Auswahl der Fokustechnologien unter Berücksichtigung der aktuellen Kerntrends.

Anschließend werden für jede Fokustechnologie auf Grundlage der durchgeführten Studie die Hürden für die aktuelle Nutzung herausgearbeitet und für die Marktteilnehmer interpretiert. Anschließend werden Unternehmen mit umfangreichen Erfahrungen in der Auswahl und Implementierung der Fokustechnologien vorgestellt und Handlungsempfehlungen für ICTNutzer und -Anbieter abgeleitet. In der abschließenden Perspektive wird ein mögliches Zukunftsszenario auf Basis verschiedener Einflussfaktoren entwickelt.

Grundlagen und Hintergründe

2

Die Abkürzung ICT stellt häufig die erste „Verständnishürde" bei der Nutzung dieser innovativen Lösungen im Umfeld von Telekommunikation und IT dar. Um diese begriffliche Hürde zu überwinden, wird im Folgenden der Begriff ICT anschaulich erläutert und die Kerntrends sowie die daraus abgeleiteten Fokustechnologien vorgestellt.

2.1 Überblick ICT-Definitionen

Der Begriff ICT steht für „Information and Communication Technology" und definiert ein breites Feld von technologischen Lösungen im Bereich der Informations- und Telekommunikationsbranche. Der Begriff tauchte ursprünglich im sog. Stevenson-Report auf, der 1997 in Großbritannien veröffentlicht wurde. Hier wurde der Übergang von der IT zur ICT erwähnt. „On a point of definition we talk in this report of ICT, adding „communications" to the more familiar „information technology". This seems to us accurately to reflect the increasing role of both information and communication technologies in all aspects of society." Wie prognostiziert ist seitdem das Zusammenwachsen von Informations- und Telekommunikationslösungen kontinuierlich vorangeschritten. Aus diesem Grund gibt es auch eine Vielzahl möglicher Definitionen zu ICT. Im Folgenden werden die unterschiedlichen Definitionsansätze vorgestellt und der für dieses Buch relevante beschrieben.

„Information and communications technology or information and communication technology,[1] usually abbreviated as ICT, is often used as an extended synonym for information technology (IT), but is usually a more general term that stresses the role of unified communications and the integration of telecommunications (telephone lines and wireless signals), computers, middleware as well as necessary software, storage- and audio-visual systems, which enable users to create, access, store, transmit, and manipulate information. In other words, ICT consists of IT as well as telecommunication, broadcast media, all types of audio and video processing and transmission and network based control and monitoring functions" (vgl. Wikipedia, Definition Information and communications technology, 2012). Diese weitreichende Definition zeigt, dass es mehrere Sichten auf ICT gibt, die sich stark durch den Grad der Konvergenz bzw. Verschmelzung der Informations- mit der Telekommunikationstechnologie unterscheiden.

Insgesamt lassen sich drei unterschiedliche Definitionsansätze für ICT, welche auch in der diversen Literatur identifiziert werden konnten, unterscheiden. Die folgende Abbildung zeigt die visuelle Darstellung dieser drei Definitionsansätze:

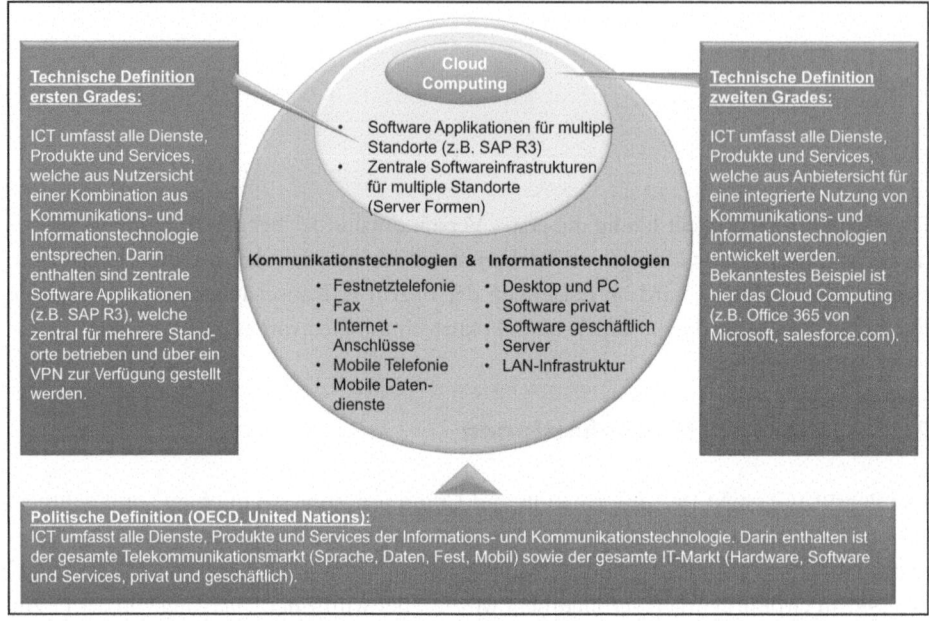

Technische Definition ersten Grades:

ICT umfasst alle Dienste, Produkte und Services, welche aus Nutzersicht einer Kombination aus Kommunikations- und Informationstechnologie entsprechen. Darin enthalten sind zentrale Software Applikationen (z.B. SAP R3), welche zentral für mehrere Standorte betrieben und über ein VPN zur Verfügung gestellt werden.

Cloud Computing

• Software Applikationen für multiple Standorte (z.B. SAP R3)
• Zentrale Softwareinfrastrukturen für multiple Standorte (Server Formen)

Kommunikationstechnologien & Informationstechnologien

• Festnetztelefonie
• Fax
• Internet - Anschlüsse
• Mobile Telefonie
• Mobile Datendienste

• Desktop und PC
• Software privat
• Software geschäftlich
• Server
• LAN-Infrastruktur

Technische Definition zweiten Grades:

ICT umfasst alle Dienste, Produkte und Services, welche aus Anbietersicht für eine integrierte Nutzung von Kommunikations- und Informationstechnologien entwickelt werden. Bekanntestes Beispiel ist hier das Cloud Computing (z.B. Office 365 von Microsoft, salesforce.com).

Politische Definition (OECD, United Nations):
ICT umfasst alle Dienste, Produkte und Services der Informations- und Kommunikationstechnologie. Darin enthalten ist der gesamte Telekommunikationsmarkt (Sprache, Daten, Fest, Mobil) sowie der gesamte IT-Markt (Hardware, Software und Services, privat und geschäftlich).

Abb. 1 Unterschiedliche Ansätze zur Definition von ICT-Lösungen

Die umfassendste ICT-Definition findet sich bei öffentlichen Institutionen wie der OECD oder den United Nations. Diese Definition, welche auch als „politische Definition" beschrieben werden kann, umfasst alle Dienste, Produkte und Services der Informationstechnologie und der Kommunikationstechnologie. Hierin enthalten sind beispielsweise die Festnetz- und Mobiltelekommunikation, Faxservices, Breitbanddienste wie DSL aber auch der Personal Computer (PC) oder Office -Applikationen wie Textverarbeitung und Tabellenkalkulation. Selbstverständlich sind auch die Kombinationen von Informations-und Telekommunikationsdiensten in dieser Definition enthalten. Durch diesen breiten Ansatz werden sämtliche Lösungen berücksichtigt und er ermöglicht einen Vergleich des technologischen Fortschritts ganzer Nationen sowie deren Vergleich untereinander. So kann die Penetration mit Mobiltelefonen etwas über die Vernetztheit der Bevölkerung sowie deren Zugang zum mobilen Internet aussagen. Damit bietet dieser Ansatz gute Voraussetzungen für globale Analysen und Vergleiche. Hinsichtlich der Bewertung der Nutzung von höherwertigen / innovativeren ICT-Lösungen scheint er für deutsche Unternehmen jedoch weniger geeignet, da in industriell hoch entwickelten Ländern die Ausstattung mit Festnetz- oder Mobiltelefon oder die PC Nutzung bereits zum Standard gehört und somit diese Definition zu weit gefasst wäre.

Eine engere Definition für ICT ergibt sich, wenn aus Nutzersicht eine Lösung in Form einer Kombination von Informations- und Kommunikationstechnologie vorliegt (so genannte technische Definition „ersten" Grades). Diese Definition schließt bewusst die

Basistechnologien wie Festnetz- und Mobiltelekommunikation sowie den Personal Computer (PC) als alleinstehende Lösung (nicht verbunden mit dem Internet) aus und fasst ICT damit deutlich enger. Hierunter fallen auch Lösungen, welche vom Nutzer als eine Kombination aus Zugangsdiensten aus der Telekommunikationsindustrie (Breitbandiger Internetzugang oder Virtual Private Network (VPNs)) und IT (Software wie Enterprise Ressource Planning (ERP) Systeme, welche für mehrere Standorte oder mobile Nutzer entwickelt wurden) betrieben werden. Die Basisdienste werden hierbei durch den Nutzer in Form eines ICT-Produktes genutzt, sind aber nicht im Vorfeld für eine kombinierte Nutzung entwickelt worden. Aus Nutzersicht handelt es sich um eine ICT-Lösung, da der Wert, den die einzelnen Lösungskomponenten stiften, erst durch die Kombination aus Informations- und Kommunikationstechnologie vollständig erschlossen wird. Aus Anbietersicht, handelt es sich jedoch um Lösungen aus den jeweiligen Einzelmärkten. So wäre eine ERP-Installation dem Markt der Informationstechnologie zuzuschreiben, wohingegen der klassische Internetanschluss dem Markt der Telekommunikation zuzuordnen wäre. Erst wenn die ICT-Lösungen auch aus Anbietersicht nur durch eine Kombination aus Informations- und Telekommunikationstechnologie genutzt werden können, also speziell für dieses Nutzungsszenario entwickelt wurden, entspricht dies im engsten Sinne einer ICT-Lösung.

Die Definition wird im Folgenden als technische Definition „zweiten" Grades bezeichnet und erfasst die aktuellen Innovationstrends im Marktumfeld. Hierbei handelt es sich um integrierte Lösungen aus Informations- und Telekommunikationstechnologie, welche speziell für ein konvergentes Nutzungsszenario entwickelt wurden. In der Literatur werden diese Lösungen als „höherwertige ICT-Lösungen" beschrieben. Hierunter fallen z.B. sämtliche Lösungen aus dem Bereich Cloud Computing, der Software im Netz. Aber auch integrierte Lösungen zur Mobilisierung der IT. Insbesondere die Cloudlösungen sind in letzter Zeit verstärkt in Diskussion gekommen, da sie einer breiten Basis von Unternehmen den Zugang zu hochwertigen ICT-Softwarelösungen ermöglichen. Sie führen somit zu einer Chance, die Prozesse und Abläufe in Unternehmen nachhaltig effizienter zu gestalten.

Auf Grund der Zielsetzung die Hürden bei den neusten und innovativsten ICT-Lösungen für die deutschen Unternehmen zu identifizieren und zu bewerten sowie konkrete Möglichkeiten aufzuzeigen, diese zu überwinden, soll im Folgenden unter ICT die technische Definition „zweiten" Grades verstanden und angewendet werden.

2.2   ICT-Kerntrends und Herleitung Fokustechnologien

Unternehmen können aus einer Vielzahl an verschiedenen ICT-Lösungen wählen. Die mit den Lösungen verbundenen Versprechen konzentrieren sich vor allem auf Kosteneinsparung, Flexibilisierung und Produktivitätssteigerung. Für die Unternehmen ist es elementar wichtig, die unterschiedlichen Lösungen zu verstehen und anhand der eigenen Unternehmenssituation zu entscheiden, welches der optimale Weg ist mögliche ICT-Potentiale zu erschließen.

Beobachtet man die aktuellen Veränderungen im ICT-Umfeld im Detail, so kann man drei Kerntrends erkennen, welche die Nutzung von ICT-Lösungen für Unternehmen grundlegend verändern:

Diese drei Kerntrends sind (siehe Abb. 2):

- Zunehmende Externalisierung (Fremdvergabe)

- Zunehmende Mobilisierung

- Zunehmende Virtualisierung

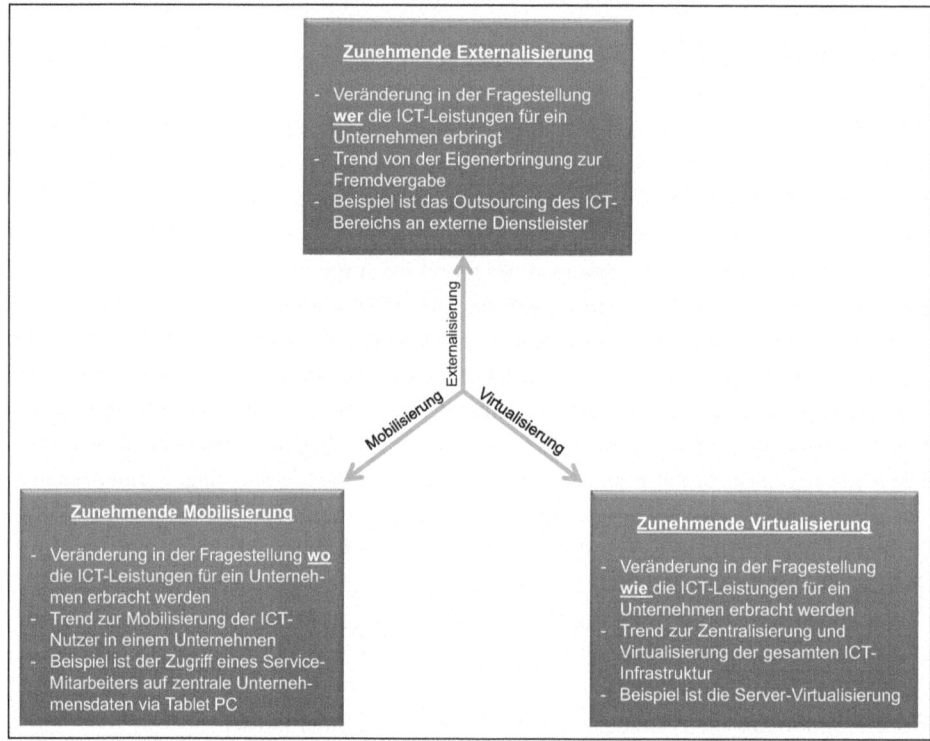

Abb. 2 Grundlegende Trends im ICT-Umfeld

Diese Kerntrends werden die Grundsätze der Leistungserbringung von technologischen Lösungen nachhaltig verändern: So ändern sich beispielsweise der Leistungserbringer (von Eigenerbringung zur Fremdvergabe), der Ort der Leistungserbringung (von stationärer IT zur mobilen IT) sowie die Art der Leistungserbringung (klassische IT-Umgebung zur virtualisierten IT-Umgebung). Durch diese grundlegenden Veränderungen müssen die Unternehmen im Rahmen ihrer ICT-Strategie die Frage beantworten, durch wen, wo und wie die benötigte ICT-Leistung erbracht werden soll?

Beim Kerntrend der zunehmenden Externalisierung handelt es sich um ein Phäno-
men, welches aus dem Konzernumfeld Schritt für Schritt auch in kleinere Unternehmen
diffundiert. Bereits Anfang der 90 Jahre begann die zunehmende Fremdvergabe von ICT-
Leistungen. Unternehmen wie IBM, EDS, Accenture positionierten sich in diesem Marktumfeld. Zu Beginn waren vor allem Großkonzerne Kunden, die diese Dienstleistungen in
Anspruch nahmen. Die Kernüberlegung der Fremdvergabe von z.B. Server- und Speicherkapazität lag in der erhöhten Spezialisierung des Anbieters und der damit verbundenen
Kosteneinsparungen des Nutzers. Dabei sollte – aufgrund der Spezialisierungseffekte –
gleichzeitig die Qualität der Leistungserbringung verbessert werden. Dieser ursprünglich
als „Outsourcing" bezeichnete Ansatz schien jedoch erst ab einer gewissen Unternehmensgröße erfolgreich umsetzbar. Dies lag vor allem daran, dass der Outsourcing-Anbieter im
Vorfeld ein oftmals fest definiertes Einsparziel dem Kunden zusagte. Im Fall eines zu geringen Budgets für Informationsverarbeitung und Telekommunikation ist der Aufwand für
die Gewinnung des Outsourcing-Kontrakts (z.B. Vertriebskosten, Vertragsverhandlungen,
Vertragsausgestaltung) sowie die Kosten für die anschließende Optimierung (z.B. Prozessoptimierung, ICT-Hardware Optimierung) zu hoch. Für Outsourcing-Anbieter sind
Verträge mit kleineren Budgets in diesem Fall oftmals nicht mehr profitabel. Das Patronatsprinzip ist ein weiterer Tatbestand, der die Diffusion des Outsourcings in den klassischen Mittelstand erschwert. So gehört es zu den Grundwerten vieler Familienbetriebe,
die Arbeitsplätze der Mitarbeiter langfristig zu sichern. Da ein Großteil der erwarteten
Einsparungen des Outsourcing-Anbieters durch eine effizientere Leistungserbringung und
damit einhergehende Reduzierung der Mitarbeiter entsteht, ist die Erhaltung sämtlicher
Arbeitsplätze nicht garantierbar. Zusammenfassend lässt sich feststellen, dass sowohl zu
kleine Budgets als auch das Patronatsprinzip eine weitere Diffusion des Outsourcings, d.h.
der Externalisierung, im klassischen Mittelstand verhindern. Die Konsequenz: Unternehmen mit kleineren ICT-Budgets bekommen oftmals nicht die für sie optimale ICT-Lösung.
Indikatoren hierfür sind die Aktualität der ICT-Hard und -Software und die vollständige
Ausnutzung von Effizienzpotentialen bei ICT-Lösungen (z.B. geringerer Grad der Automatisierung von Prozessen). Verbunden mit dem sich in Deutschland abzeichnenden
Fachkräftemangel kann die Fehlende Aktualität von ICT-Lösungen mittelfristig zu gra-
vierenden Wettbewerbsnachteilen für Unternehmen im internationalen Vergleich führen.

Durch die breitere Anwendung eines weiteren wichtigen Trends im ICT-Umfeld, den
der Virtualisierung, ergeben sich zusätzliche Chancen für Unternehmen. Virtualisierung
ermöglicht auch der breiten Basis kleinerer und mittlerer Unternehmen mit relativ geringeren ICT-Budgets, den Zugang zu hochwertigen ICT-Lösungen. Dabei ist der Trend
zur Virtualisierung nicht neu. Bereits Ende der 50-er Jahre kam die Idee von Christopher
Strachey, eine logische Rechenleistung zu entwickeln, welche sich genauso verhalten sollte
wie eine physikalische Rechenleistung (Vgl. Gerstel, Markus: „Virtualisierungsansätze mit
Schwerpunkt Xen", 2005, München). Dieser Grundgedanke wurde jedoch erst Mitte der
60-er Jahre durch die Zusammenarbeit von IBM und dem MIT in Form der ersten virtuellen Rechenmaschine, damals noch auf Mainframe-Basis, umgesetzt. Bis zur tatsächlichen

kommerziellen Nutzung vergingen abermals 20 Jahre. Erst gegen Ende der 90-er Jahre kam es tätsächlich zu einem Durchbruch, als es 1999 dem Unternehmen VMWare Inc. gelang, die gängigen Intelarchitekturen zu virtualisieren.

Hierbei wird unter Virtualisierung ein Programm verstanden, „das auf einem Rechner einen oder mehrere andere Rechner nachbildet", wobei die virtuelle Maschine den Code genauso verarbeitet wie es die reale Variante tun würde (vgl. Bellamin, Hassan: Projekt für Systemprogrammierung WiSe 06/07, S. 8). Es kommt somit zu einer Trennung zwischen der physikalischen Hardware und der auf ihr laufenden Software (Betriebssystem und Applikationen). Die Virtualisierung lässt sich auf Rechenleistung, Speicherleistung, Personalcomputer, Server oder Desktops anwenden. Hierbei wird die physische Hardware von mehreren virtuellen Maschinen parallel genutzt und es kommt zu einer deutlich besseren Ausnutzung der zur Verfügung stehenden Hardware-Ressourcen (Rechenleistung, Speicher, …). Mittlerweile gibt es eine Vielzahl von Anbietern, die Virtualisierungssoftware zur Verfügung stellen. Die bekanntesten sind unter anderem VMWare, FreeMWare, Virtual PC von Microsoft und Virtual Box von Oracle.

Die Vorteile der Virtualisierungstechnik liegen in der Möglichkeit, eine Vielzahl unterschiedlicher Betriebssysteme auf einer Hardware parallel laufen zu lassen. So kann ein Apple Mac Computer virtuell einen Windows PC simulieren und so auf alle Windows-Applikationen des Unternehmens zugreifen. Des Weiteren können wichtigen Anwendungen eines Unternehmens priorisierte Rechenkapazitäten zur Verfügung gestellt werden. Über Clone, d.h. identische Abbildungen einer Rechnerumgebung, kann die maximale Verfügbarkeit dieser Applikation sichergestellt werden. Auch der Verlust von Daten kann über optimierte „Disaster- Recovery"-Lösung gezielt reduziert werden. Die Bereitstellung von zusätzlichen Servern oder das Erstellen von Testumgebungen ist einfach möglich. Über die Testumgebungen können neue Anwendungen einfach, quasi im Labor getestet werden, bevor sie in den Wirkbetrieb übergehen. Insbesondere kann die Investition in ICT-Hardware deutlich gesenkt und auch der Stromverbrauch, der sich immer mehr zum zentralen Entscheidungskriterium herausbildet, erheblich reduziert werden. Dies wird möglich, da vorhandene ICT-Hardware deutlich besser ausgelastet werden kann. So geht VMWare davon aus, dass 50-70% der ICT-Kosten durch den Einsatz von Virtualisierungslösungen reduziert werden können (vgl. Hrsg. vmware: Grundlagen der Virtualisierung).

Diesen Vorteilen stehen nachteilig ein sehr hoher Speicheraufwand sowie eine leicht geringere Performance der Systeme, verglichen mit der herkömmlichen Variante, gegenüber.

Insgesamt gilt es jedoch festzuhalten, dass durch die Virtualisierungstechnik die Art und Weise, wie ICT-Ressourcen zur Verfügung gestellt werden, deutlich schneller, einfacher und flexibler erfolgt. Somit wird sich die Art, wie ICT-Ressourcen bereitgestellt werden, über die nächsten Jahre weiter ändern. Aber nicht nur das „Wer" und das „Wie" der ICT-Ressourcenbereitstellung ändert sich gravierend – auch „Wo" die Leistung erbracht wird, unterliegt aktuell einer starken Veränderung durch den Kerntrend der Mobilisierung.

Der Kerntrend der Mobilisierung der ICT-Lösungen hat zwei wesentliche Treiber. Zum einen ist die Technologie der Mobilfunknetze und der Endgeräte wie Smartphone und Tablet PC in kürzester Zeit vorangeschritten und ermöglicht es von fast jedem Ort seine Arbeit zu verrichten und auf Unternehmensdaten zuzugreifen. Zum anderen nimmt die Forderung der Mitarbeiter, von außerhalb des Büros zu arbeiten, kontinuierlich zu. Die Nutzung von Reise- und Wartezeit steigert die Produktivität der Mitarbeiter und mittlerweile ist nicht nur die junge Generation „always on" und „always connected". Damit spielt es eine immer geringere Rolle, wo sich Mitarbeiter befinden. Entscheidend für den Arbeitserfolg ist vielmehr ein leistungsstarker Zugriff auf unternehmensspezifische Datenbestände und eine effiziente Vernetzung mit anderen – oft virtuellen – Projektmitarbeitern. Expertenschätzungen gehen davon aus, dass die effiziente Arbeitsfähigkeit von Mitarbeitern völlig unabhängig vom tatsächlichen Arbeitsplatz stark steigen wird. Nach einer Schätzung von IDC arbeiten bereits Anfang der zweiten Dekade des 21. Jahrhunderts mehr als eine Milliarde Menschen mobil (vgl. Bayer, Martin: Der Tod des Firmen-PCs, 2011).

Die technologische Entwicklung zeigt, dass die Mobilfunknetze kontinuierlich die Bandbreite erhöhen: Über die HSPA-Technologie (high speed packet access) stehen mittlerweile großflächig in Deutschland mobile Datendienste mit einer Bandbreite von bis zu 14,4 Mbit/s zur Verfügung. Noch breitbandiger wird es mit dem seit Oktober 2010 im Ausbau befindlichen LTE-Standard (long term evolution) mit aktuell bis zu 50 Mbit/s. Diese hohen Bandbreiten ermöglichen den Zugriff auf größere Datenmengen und beschränken damit die Mobilisierung nicht nur auf E-Mail und Kalenderfunktionalität. Ergänzt wird dies durch die deutliche Erweiterung der mobilen Endgeräte in Funktionalität und Formfaktor. So weist ein Smartphone mittlerweile neben einem brillanten Display zur Darstellung von Unternehmensdaten auch eine Rechenleistung auf, die in etwa einem 3 Jahre alten PC entspricht. Mit dem Tablet PC von Apple (iPad), ergänzt ein neuer Formfaktor das Angebot der mobilen Rechner. Mit einem ausreichend großen Display und der Möglichkeit, immer an und verbunden zu sein, ermöglicht dieses Gerät ständigen und überall möglichen Zugriff auf Unternehmensanwendungen. Die Folge ist, dass Smartphones und Tablet PCs bereits in erkennbarem Maße Laptops und stationäre PCs ersetzen. Auch wenn innovative Lösungen, wie viele mobile Endgeräte ihren Ursprung im Privatkundenbereich hatten, sind sie bereits heute aus dem Arbeitsleben nicht mehr weg zu denken.

Auch die Forderungen der Mitarbeiter, ihre Arbeit flexibel und von überall verrichten zu wollen, nehmen kontinuierlich zu. Insbesondere für die junge Generation von Mitarbeitern, welche beispielsweise nach dem Studium in den Unternehmen starten, verwischt sich die Grenze zwischen privaten und beruflichen Anwendungen zunehmend. Sie organisieren sich online über soziale Netze und fordern als Teil ihrer Arbeitsumgebung die Möglichkeit, permanent online zu sein mit dem Gerät ihrer Wahl (vgl. Bayer, Martin: Der Tod des Firmen-PCs, 2011).

Private Anforderungen werden auf diese Weise systematisch in die Unternehmen getragen. Bei dem auf absehbare Zeit zunehmenden Wettbewerb um qualifizierte Mitarbeiter wird es demnach für Unternehmen immer wichtiger, für junge Mitarbeiter attraktive ICT-Arbeitsbedingungen bereitzustellen. Aber auch die ältere Generation fordert den mobilen

Arbeitsplatz, sei es um Reisezeit zu optimieren oder im Home Office für das Unternehmen aktiv zu sein. Die steigende Mobilisierung der IT ermöglicht eine Verbesserung der „Work Life Balance" von allen Mitarbeitern. Aber diese Möglichkeit der überall und ständigen Erreichbarkeit hat auch ihre negativen Seiten und kann damit sogar ins Gegenteil umschlagen. Aus diesem Grund beschäftigen sich immer mehr Unternehmen mit der Frage, in welchem Zeitraum Mitarbeiter erreichbar bzw. nicht erreichbar sein sollten.

Der unaufhaltsame Trend der Mobilisierung der IT stellt Unternehmen vor neue Herausforderungen. Da die Gefahr besteht, dass die Komplexität von Geräten (Smartphone, Tablets), Lösungen und Applikationen weiterhin steigt und es damit zu einem „Wildwuchs" in der ITLandschaft kommt, sollte eine klare Strategie hinsichtlich der Nutzung festgelegt werden (vgl. isreport: Fehlende Mobility-Strategie ermöglicht IT-Wildwuchs, 2011).

Hierbei sind die Kernthemen durch den ICT-Bereich im Unternehmen festzulegen. Diese umfassen:

- Endgeräte

- Anwendung

- Datenspeicherung

Bei den Endgeräten gilt es zu beachten, dass Mitarbeiter häufig ihre eigenen Geräte mit ins Unternehmen bringen und mit diesen Geräten arbeiten. Sich dieser Entwicklung zu verschließen erscheint ein schwer umsetzbarer Weg. Stattdessen sollte an einer Lösung gearbeitet werden, mit der die Vielzahl unterschiedlicher Geräte relativ einfach verwaltet kann.

Ähnliches gilt bei den Anwendungen. Über den App Store von Apple oder dem Marketplace der Android-Plattform von Google können sich die Mitarbeiter eine Vielzahl von Applikationen herunterladen. Auch hier gilt es, die Möglichkeiten optimal zu nutzen, ohne aus Sicht des Unternehmens die Kontrolle zu verlieren.

Abschließend sollte auch die Datenspeicherung, insbesondere von unternehmenskritischen Daten, für mobile Endgeräte überdacht werden. Verlässt der Mitarbeiter das Unternehmen oder wird ein mobiles Endgerät gestohlen, sollten die Daten wirkungsvoll geschützt werden können.

Aus Expertengesprächen sowie einer Analyse der Themenschwerpunkte auf der Computermesse CeBit bis zum Jahr 2012 konnten die Fokustechnologien Cloud Services, Mobile Computing und Virtualisierung abgeleitet werden. (vgl. Hrsg. CeBIT: Die CeBIT als Herz der digitalen Welt, 2012). Auch die wichtigsten Analysten im Technologieumfeld, wie Gardner Group oder IDC, bestätigen diese Themenschwerpunkte, ergänzen jedoch Business Social Media als zusätzliches Fokusthema. Beim Mobile Computing steht die Mobilisierung der IT für Mitarbeiter als Maschine-to-Maschine-Kommunikation (M2M) im Mittelpunkt. Bei der Virtualisierung liegt der Schwerpunkt auf der Server- und der Desktop-Virtualisierung. Eine Einteilung dieser Fokustechnologien entlang der ICT-Kerntrends erfolgt in Abb. 3:

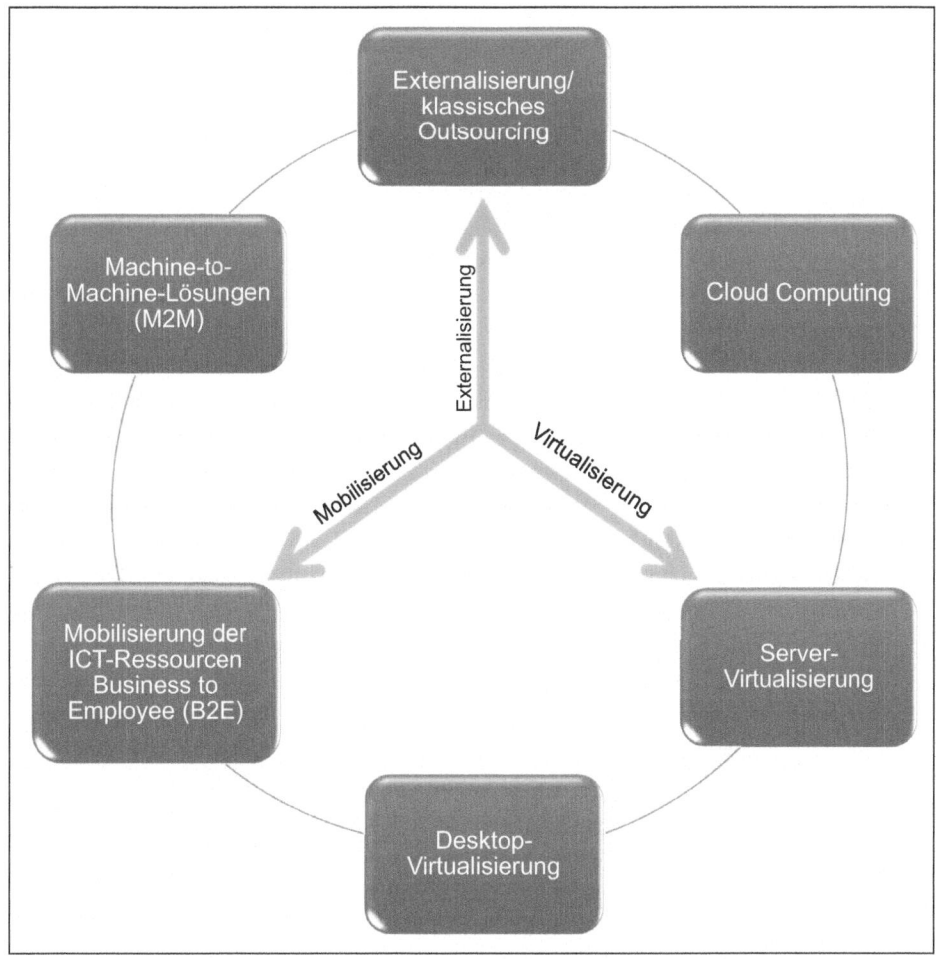

Abb. 3 Einordnung von Fokustechnologien entlang der ICT-Trends

Im Folgenden ist die Einordnung der Fokustechnologien kurz erläutert:

a) Die Server-Virtualisierung liegt klar auf der „Virtualisierungs-Achse" und dient dazu, die Art wie ICT-Leistungen bereitgestellt werden, zu optimieren. Die Desktop-Virtualisierung liegt zwischen dem Trend der Virtualisierung und dem Trend der Mobilisierung, da hierdurch ein Zugriff mit unterschiedlichsten Endgeräten wie Laptop, Tablet PC oder Smartphone auf eine Desktop-Umgebung mit unterschiedlichsten Applikationen erst ermöglicht wird.

b) Die Mobilisierung der IT der Mitarbeiter, also Bereistellung von mobilen Endgeräten wie Laptop, Tablet PC oder Smartphone sowie deren Management liegt klar auf der „Mobilisierungs-Achse". Machine-to-Machine-Lösungen werden meist als so genannte „Plattform-Lösung" von einem Telekommunikationsanbieter oder M2M-Spezialisten durch die Anwender bezogen. Sie stellen so eine Kombination der Trends aus

Mobilisierung der IT sowie der Externalisierung (Fremdvergabe) dar. Das klassische Outsourcing liegt klar auf der „Externalisierungs-Achse". Hier ändert sich vor allem der Leistungserbringer.

c) Auch Cloudlösungen – abgesehen von der „Private Cloud", welche eher eine Art der Virtualiserungstechnik entspricht – sind eine Kombination aus den beiden Kerntrends der Virtualisierung und der Externalisierung. Die Virtualisierung bieldet die Grundlage für die Bereitstellung von Cloudlösungen, da nur so die Dienste wie Software oder Server und Speicherkapazität effizient bereitgestellt werden können. In der Form der „Public Cloud" kommt dann noch die Externalisierung (Fremdvergabe) als Kerntrend hinzu.

d) Das Thema Business Social Media lässt sich nicht unmittelbar entlang der Kerntrends Virtualisierung, Mobilisierung und Externalisierung einordnen. Dennoch wird es für den weiteren Verlauf der Untersuchungen als eine Fokustechnologie definiert. Derzeit beschäftigen sich viele Unternehmen mit den Einsatzmöglichkeiten und dem Nutzen von Business Social Media. Aufgrund oftmals fehlender belastbarer Erfahrungswerte tasten sich viele Unternehmen an dieses Thema mit einem „Trial-and-Error"-Ansatz schrittweise heran. Hintergrund dieser Bemühungen ist der Aufbau effizienterer interner und externer Kommunikationsmechanismen. Diese sollen Mitarbeiter von administrativen Kommunikationsaufgaben, wie beispielsweise der zeitintensiven Bearbeitung von E-Mails deutlich entlasten und damit „zusätzliche" Arbeitszeit für werthaltigere Aufgaben schaffen. Die Diskussion von Business Social Media zeigt, dass es grundsätzlich nicht nur um den Einsatz innovativer technologischer Lösungen in Unternehmen geht. Vielmehr geht es um eine kritische Auseinandersetzung mit Technologien, Prozessen und Strukturen in Unternehmen sowie den damit verbundenen Optimierungspotentialen. Aufgrund der offensichtlichen Schwachstellen bei den vorherrschenden E-Mail basierenden Kommunikationsansätzen steht die Neuausrichtung von Kommunikationsprozessen und -mechanismen im Mittelpunkt der Überlegungen vieler Unternehmen.

Dieser pragmatische Ansatz bei der Auswahl der genannten Fokustechnologien soll sicherstellen, dass aus Anwendersicht die relevanten Themen analysiert und interpretiert werden. Dies gilt insbesondere für die Erfassung der möglichen Investitionshürden und die Darstellung der mit den Fokustechnologien verbundenen Umsetzungsbeispiele, aus denen konkrete Erfahrungswerte abgeleitet werden sollen. Bei dieser Auswahl wurde der Themenkomplex Machine –to-Machine-Kommunikation von der Liste der Fokustechnologien gestrichen, obwohl er derzeit intensiv in vielen Unternehmen diskutiert wird. Der Grund hierfür ist die branchenspezifische Abgrenzung: Das Thema scheint derzeit insbesondere für einige ausgewählte Branchen (z.B. Automobilindustrie, Logistik, Sicherheit) hoch relevant, hat aber derzeit noch nicht den breiten branchenübergreifenden Einfluss wie die anderen genannten Fokustechnologien.

2.3   Beschreibung der Fokustechnologien

Im folgenden Kapitel werden die Fokustechnologien im Detail und die mit ihnen verbundenen Effekte beschrieben. Anschließend werden anhand einer durchgeführten Studie die Hürden, welche Unternehmen von der Nutzung dieser Technologien abhalten, dargestellt.

Entsprechend der Ausführungen im vorherigen Kapitel stehen für den weiteren Verlauf folgende Fokustechnologien im Mittelpunkt:

- Virtualiserung

  - Server-Virtualisierung

  - Desktop-Virtualisierung

- Cloudlösungen

  - Software as a Service (z.B. Office-Applikationen aus der Cloud, CRM-Applikationen aus der Cloud, ERP-Applikationen aus der Cloud)

  - Infrastructure as a Service (z.B. Serverkapazitäten im Netz, Speicherkapazitäten im Netz)

- Mobilisierung der IT in Bezug auf Business-to-Employee-Lösungen (B2E)

- Business Social Media

2.3.1   Virtualisierung

Virtualisierung wird als ICT-Lösung verstanden, da es sich hierbei um eine der wichtigsten „Befähigungstechnologien" im ICT-Umfeld handelt. Diese Technologie ermöglicht erst die effiziente Umsetzung von Cloudlösungen oder auch der vollständigen Mobilisierung der IT. In der folgenden Abbildung werden die Wirkmechanismen und erwarteten Effekte der Virtualisierungstechnologie dargestellt.

Insbesondere größere Unternehmen setzen sich aktuell mit den Chancen und Risiken von Virtualisierung auseinander. Im Rahmen der Virtualisierung stehen zwei Nutzungsszenarien im Fokus, die Server-Virtualisierung und die Desktop-Virtualisierung.

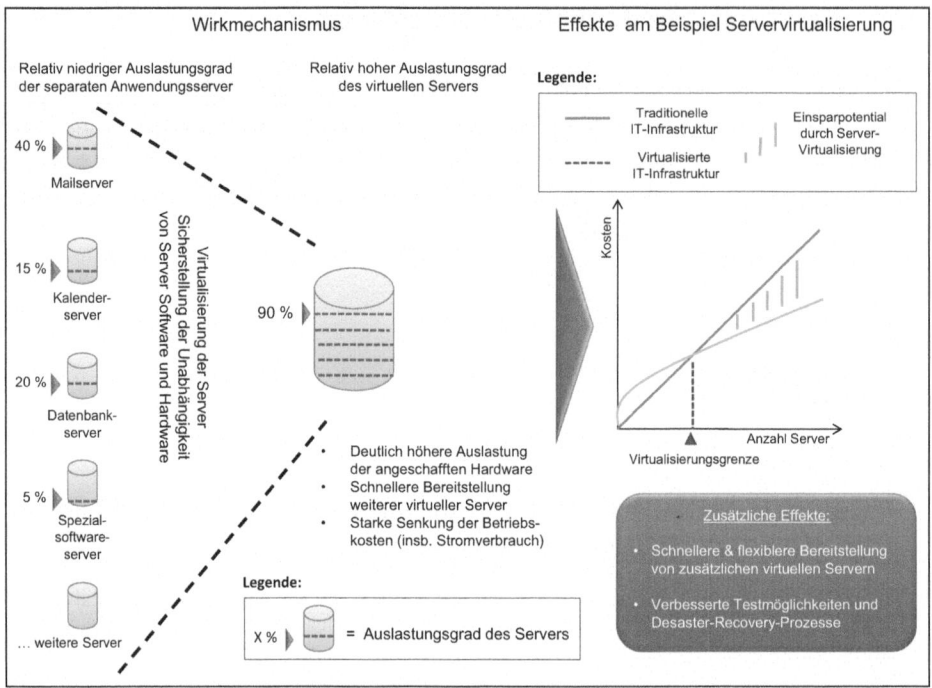

Abb. 4 Wirkmechanismus und erwartete Effekte von Virtualisierung

Unter Server-Virtualisierung wird die virtuelle Aufteilung von Serverkapazitäten zwischen verschiedenen Applikationen wie z.B. E-Mail Server, File Server und Datenbank-Server verstanden. Hierbei ist es nicht nötig, für jede Anwendung einen eigenen Server zu betreiben wie z.B. SQL Server für Datenbanken oder Exchange Server für E-Mail-Kommunikation, sondern diese Anwendungen können auf einem oder mehreren Servern konsolidiert betrieben werden. Da Server im Schnitt nur zwischen 3% und 15% ausgelastet sind (vgl. Hrsg. BITKOM: Presseinformation – Cloud Computing ist erneut IT-Trend des Jahres, 2011), erschließt sich für Anwender schnell der Nutzen dieser ICT-Innovation. Zur Umsetzung ist eine Entkopplung von Betriebssystem und Applikationen von den physischen Systemen erforderlich, wodurch mehrere Betriebssysteme auf der gleichen Hardware laufen können. Dies geschieht dadurch, dass zwischen der Hardware und dem Betriebssystem eine zusätzliche Virtualisierungsschicht (Spezial Software) eingefügt wird. So können mehrere Betriebssysteme bzw. Anwendungen auf einem Server genutzt werden. Die wesentlichen Vorteile sind, dass insgesamt weniger Hardware benötigt wird und die Auslastung der bestehenden Server deutlich erhöht werden kann. Des Weiteren kann im Falle des Ausfalls eines Servers die aktuell benötigte Anwendung auf anderen verfügbaren Servern weiterbetrieben werden. Für den Nutzer ergeben sich Einsparungen von über 50% beim Energieverbrauch (vgl. Hrsg. BITKOM: Presseinformation – Cloud Computing ist erneut IT-Trend des Jahres, 2011). Server- Virtualisierung mit der damit verbundenen besseren Kapazitätsauslastung ist damit eines der Hauptargumente für die so genannte „Green ICT", d.h. die umweltfreundliche Nutzung von technologischen Infrastrukturen.

Es sind drei Anwendungsszenarien denkbar, welche sich im Wesentlichen durch den Grad an „Zentralisierung" unterscheiden.

- Server-Virtualisierung in dezentralen Strukturen, d.h. Konsolidierung sämtlicher an einem Standort befindlichen speziellen Server auf einem virtuellen Server.

- Server-Virtualisierung in zentralen Strukturen auf dem Unternehmensgelände (on premis), d.h., Konsolidierung der an mehreren Standorten einer Unternehmung befindlichen speziellen Server an einer zentralen Stelle (Hub) auf einem virtuellen Server und Bereitstellung der Dienste über Breitbandtechnologie.

- Server-Virtualisierung außerhalb des Unternehmensgeländes (off premis), d.h. Konsolidierung der an mehreren Standorten eines Unternehmens befindlichen speziellen Server an einer außerhalb des Unternehmens befindlichen zentralen Stelle (Hub) in einem externen Rechenzentrum auf einem virtuellen Server und Bereitstellung der Dienste über Breitbandtechnologie.

Die Desktop-Virtualisierung ist der nächste logische Schritt, nachdem die Server-Virtualisierung abgeschlossen ist. Es ist „ein Verfahren, um mehreren Benutzern gleichzeitig und unabhängig voneinander die Ausführung von Anwendungsprogrammen auf einem entfernten Computer (Host) zu erlauben" (vgl. Wikipedia, Definition Desktop-Virtualisierung, 2012). Die Zielsetzung hierbei ist vergleichbar mit der Server-Virtualisierung, da die Hardware zentral vorgehalten wird und somit Effizienzen in deren Auslastung erreicht werden können. Zusätzlich ermöglicht die Desktop-Virtualisierung eine Nutzung der Applikationen unabhängig vom Endgerät. So kann via Smartphone, Tablet PC oder Laptop auf die gleichen Applikationen zugegriffen werden. Dies ist eine entscheidende Voraussetzung für eine effiziente und umfassende Mobilisierung der IT.

2.3.2 Cloud Computing

Für Cloudlösungen gibt es in Unternehmen zwei grundlegende Einsatzgebiete: Software as a Service und Infrastructure as a Service. Platform as a Service, welches die dritte Nutzungsvariante von Cloudlösungen beschreibt, spielt schwerpunktmäßig für Unternehmen in der Softwareindustrie eine entscheidende Rolle. Hierunter werden Entwicklungsumgebungen verstanden, welche von Unternehmen genutzt werden, um ihre eigenen Softwarelösungen zu programmieren. Die Nutzungsvariante Platform as a Service wird aufgrund des speziellen Einsatzgebietes im Folgenden nicht näher betrachtet. In der folgenden Abbildung sind die Wirkmechanismen und erwarteten Effekte von Cloudlösungen dargestellt:

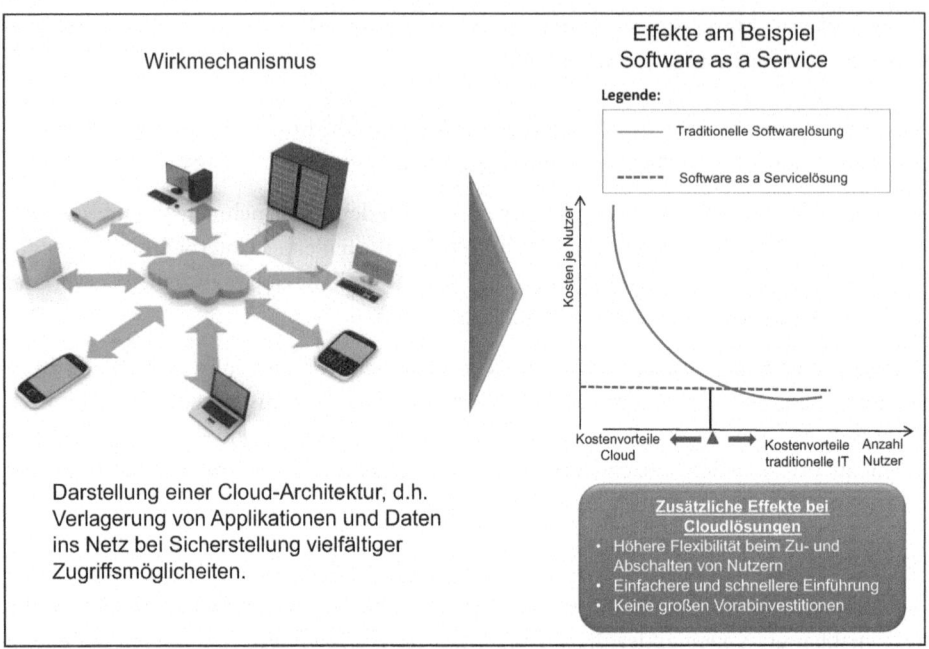

Abb. 5 Wirkmechanismus und erwartete Effekte von Cloudlösungen

Unter Cloud Services / Software as a Service werden sämtliche Softwarelösungen verstanden, die speziell für die Nutzung der Anwendung im Netz entwickelt wurden. Vorreiter bei Cloud Lösungen ist das Unternehmen SalesForce.com, welches seit 1999 bereits eine CRM-Lösung für die Nutzung über eine Internetverbindung zur Verfügung stellt. Die Kunden zahlen keine Lizenzkosten mehr, sondern mieten die Software pro Nutzer und pro Monat. Die Software wird nicht mehr – wie traditionell üblich – bei den Anwendern vor Ort installiert, sondern aus dem Netz auf Servern von SalesForce.com zur Verfügung gestellt. Dies ermöglicht insbesondere kleinen und mittleren Unternehmen, welche nur eine geringe Anzahl von Nutzerlizenzen benötigen, einen Zugriff auf eine sehr hochwertige CRM-Lösung. Es entfallen hohe Einmalzahlungen zu Beginn der Nutzung genauso wie die hohen Investments in eigene Infrastruktur (z.B. Server, Speicherkapazitäten). Das nutzende Unternehmen sollte jedoch sicherstellen, dass ausreichend Bandbreite für die Nutzung über eine sichere Internetverbindung zur Verfügung steht. Anfang 2012 greifen bereits über 100.000 Geschäftskunden weltweit auf diese Lösung zu.

Diesem Anwendungsbeispiel sind viele weitere Anbieter von Cloudlösungen gefolgt. So stellt Google seit 2006 seine Office-Anwendungen unter dem Namen Google Apps zur Verfügung. Hierin enthalten sind E-Mail, Kalenderfunktionalität sowie Office-Anwendungen wie Textverarbeitung, Tabellenkalkulation oder Präsentationssoftware. Die hohe Flexibilität der Nutzung sowie die geringen Gebühren von 3-5 EUR pro Arbeitsplatz pro Monat haben insbesondere in den USA für einen überragenden Erfolg dieser Cloudlösung gesorgt. Allein im April 2011 wurden täglich 5.000 Seats (Arbeitsplätze) von Google Apps an Geschäftskunden in den USA verkauft.

Auch führende Softwareanbieter wie Microsoft und SAP haben diesen Trend auf Markt- und Anbieterseite aktiv mitgestaltet. Seit Mitte 2011 gibt es von Microsoft die umfassende Cloudlösung Office 365 (Nachfolger von Microsoft BPOS – Business Productivity Suite). Hierin enthalten sind sowohl die E-Mail-Lösung wie Outlook, die Dokumentenmanagement Lösung Sharepoint als auch die gesamt Office Suite u.a. mit Word, Excel und PowerPoint. Mit diesem Schritt reagierte Microsoft auf die Positionierung Googles und schlägt damit einen völlig neuen Weg ein, die Office-Applikation als einen Service für Unternehmen buchbar zu machen.

Auch SAP geht konsequent diesen Weg mit der Lösung „SAP by Design". Hierbei wird den Unternehmen angeboten, bereits ab 10 Arbeitsplätzen eine umfassende, voll integrierte SAP-Lösung mit CRM, ERP und weiteren Lösungskomponenten einzuführen. Diese Lösung wird den Unternehmen in Form einer Cloudlösung zur Verfügung gestellt und unterscheidet sich damit deutlich von den früher üblichen Großinstallationen mit den an das jeweilige Unternehmen angepassten Softwaretools.

Infrastructure as a Service beschreibt die Möglichkeit, Informationsbasistechnologie wie Server oder Speicherplatz als einen Dienst über eine gesicherte Internetleitung zu nutzen. Vorreiter in diesem Marktsegment ist das Unternehmen Amazon, welches im Jahr 2006 erstmalig diesen Dienst für Kunden zur Verfügung stellte. Da Amazon als weltgrößtes e-Business-Handelsunternehmen seinen Infrastrukturbedarf an Servern und Speicherplatz auf den alljährlichen Nachfrage-Peak zu Weihnachten ausrichten musste, um sämtliche Transaktionen zeitnah und ohne Abbruch zu bearbeiten, waren diese Ressourcen für den Rest des Jahres nicht voll ausgelastet. Hieraus ergab sich das Geschäftsmodell, diese Infrastrukturressourcen anderen Unternehmen außerhalb der Weihnachtszeit anzubieten. Auf Grund der Tatsache, dass die Kosten für die Infrastruktur bei Amazon ohnehin anfielen, konnten diese Ressourcen kostengünstig an Dritte weitergegeben werden. Auch wenn die garantierte Verfügbarkeit, auf Grund des Vorrechts Amazons für die eigene Nutzung, sich nicht für jeden Anwendungszeck eignet, war dies bereits ein erster zukunftsweisender Schritt. Im Folgenden ist eine Vielzahl von Marktteilnehmern in diesen Markt eingetreten. Aktuell handelt es sich schwerpunktmäßig um einen amerikanischen Trend. Wenn auch verspätet, zeichnet sich der Erfolg von Cloud-Lösungen jedoch deutlich erkennbar ebenfalls in Europa ab.

2.3.3 Mobilisierung der IT

Die Mobilisierung der IT im Sinne des Business-to-Employee-Ansatzes ist durch die mobile Telekommunikation aus der modernen Arbeitswelt nicht mehr wegzudenken. In der Geschäftswelt ist die Nutzung mittlerweile zum Standard geworden. Durch die permanent zunehmende Bandbreite, welche Nutzern über die Luftschnittstelle zur Verfügung gestellt wird, ergeben sich neue Nutzungsmodelle. Seit der Einführung von UMTS im Jahre 2004 entwickeln sich zahlreiche neue Nutzungsszenarien für Unternehmen. Diese werden sich durch den Ausbau von HSPA und von LTE (Long Term Evolution) mit Bandbreiten von bis zu 14,4 Mbit/s bzw. 50 Mbit/s nochmals verstärken. Smartphones und Tablet PCs entwickeln sich mehr und mehr zum Standard für Geschäftskunden. Hierdurch wird die

Rechnerleistung mobilisiert und steht dem mobilen Nutzer unterwegs permanent zu Verfügung. Ergänzt wird diese Basistechnologie durch mobile Applikationen. Unter mobilen Applikationen werden Software-Anwendungen verstanden, welche über ein internetfähiges Mobiltelefon, dem sogenannten Smartphone, nutzbar werden. Seit dem Angebot von Blackberry (RIM) oder auch dem iPhone (Apple) werden diese Geräte bei deutschen Unternehmen stark nachgefragt. So weisen Smartphones sowohl im Privatkunden- als auch im Geschäftskundenmarkt einen stark steigenden Marktanteil aus und sind damit zunehmend Standard im Markt. Hierbei ist auch die Anzahl der zur Verfügung gestellten Anwendungen ein stetig steigender Markt. Für das iPhone werden im April 2011 über 1 Mio. mobile Anwendungen zur Verfügung gestellt, welche teils kostenfrei, teils kostenpflichtig auf das Smartphone geladen werden können. Diese Applikationen zielen stark auf den privaten Endnutzer ab. Aber auch für Geschäftskunden ist bereits eine Vielzahl von Anwendungen vorhanden. Zu den Kernanwendungen zählen das Mobile-Büro (E-Mail, Kalender und Kontakte mobil einsehen und bearbeiten), Mobiler Vertrieb (Zugriff auf Kundeninformationen und deren Bearbeitung) sowie Navigation und Mobile-Office-Anwendungen (z.B. Textverarbeitung, Tabellenkalkulation).

Neben den Smartphones und mobilen Applikationen ist insbesondere durch das Apple iPad ein neuer Formfaktor entwickelt worden, welcher die Mobilisierung der IT beschleunigt. Die Tablet PCs, welche häufig von Mitarbeitern privat angeschafft und genutzt werden, bieten auch die Möglichkeit, Unternehmensanwendungen immer und überall einzusetzen. Erste innovative Unternehmen wie SAP stellen ihren Mitarbeiter Tablet PCs zur Verfügung, um hier an Flexibilität und Geschwindigkeit von Arbeitsabläufen zu gewinnen. In Abb. 6 werden die Wirkmechanismen und erwarteten Effekte dieser Fokustechnologie zusammenfassend dargestellt:

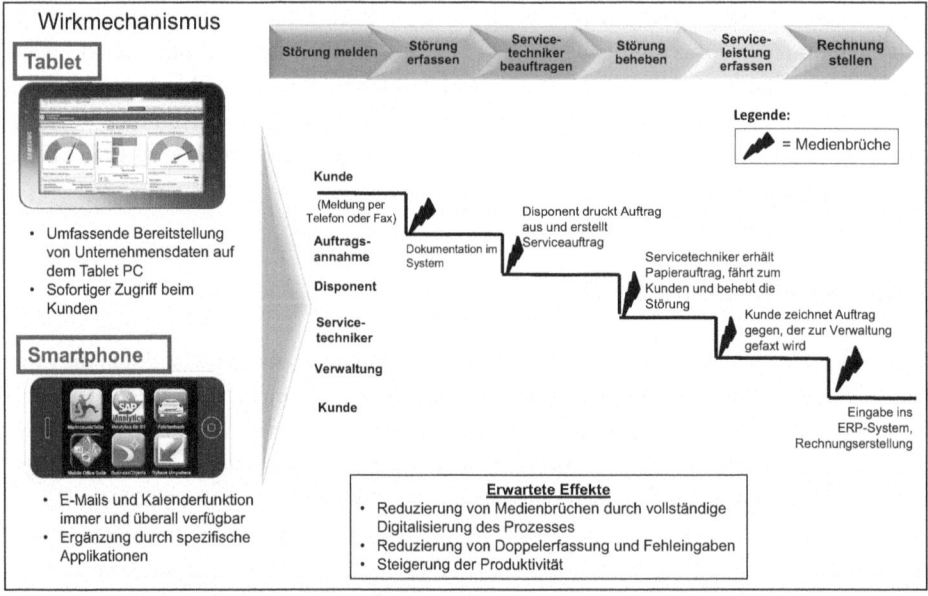

Abb. 6 Wirkmechanismus und erwartete Effekte bei Mobilisierung der IT

Entscheidend bei der Erarbeitung einer Mobilisierungsstrategie mit Smartphones und Tablet PCs sind insbesondere die Verwaltung und das Management dieser Geräte, welche in Zukunft durch den ICT-Bereich im Unternehmen geleistet werden müssen. Unternehmen sind auf die Verwaltung von Laptops und deren Management eingestellt, und es gibt IT-Richtlinien für deren Nutzung. Dies ist jedoch für die Tablet PCs noch nicht in einem ausreichenden Maße erfolgt. Erschwert wird dies durch die gleichzeitige berufliche und private Nutzung und die Vielzahl der Nutzungsmöglichkeiten. Fragen wie die Reglementierung bei den Downloads von Applikationen, der Nutzung von öffentlichen W-LANs oder der Freigabe von Zugriff auf Daten, welche sich auf den Tablet PCs befinden, müssen erarbeitet werden. Auch sollte geregelt werden, ob und wie die Datenspeicherung, insbesondere von kritischen Unternehmensdaten, auf den Geräten oder privaten Cloudlösungen (wie die I-Cloud oder die Telekom Cloud) erfolgt. An dieser Stelle besteht nach wie vor dringender Handlungsbedarf zuverlässige und damit im gesamten Unternehmen akzeptierte mobile Sicherheitskonzepte zu entwickeln und einzuführen.

Die Mobilisierung der IT der Mitarbeiter umfasst damit sowohl die Basisnetzwerkdienste wie mobile Datenservices (über HSDPA oder LTE-Technologie), die benötigte Hardware wie Smartphone, Tablet PCs oder Laptops als auch Integrationsleistung mit IT sowie die relevanten Sicherheitslösungen.

2.3.4 Business Social Media

Business Social Media zählt nach Einschätzung vieler Marktexperten zu den Top Trends Anfang der zweiten Dekade dieses Jahrhunderts. Insbesondere in den USA nutzen Unternehmen bereits intensiv diese Technologie. Sie verspricht einen hohen Einfluss auf den Erfolg des Unternehmens, da Business Social Media eine sehr effiziente Art von kommunikativer Vernetzung darstellt. Hierbei können Mitarbeiter, Partner oder Kunden eines Unternehmens vernetzt werden, um Informationen auszutauschen oder an gemeinsamen Projekten zu arbeiten. In der folgenden Abbildung sind der Wirkmechanismus und die erwarteten Effekte dieser Fokustechnologie dargestellt.

Business Social Media ermöglicht es über die klassischen Web 2.0 Tools, wie Blogs oder Wikis Mitarbeiter eines Unternehmens zu vernetzen. Hierdurch wird eine äußerst effiziente, vollautomatisierte Vernetzung der Mitarbeiter ermöglicht. Über hinterlegte Mitarbeiterprofile lässt sich das aktuelle Wissen der gesamten Belegschaft transparent darstellen. Hierdurch ermöglicht Business Social Media einen Wissensaustausch zwischen Mitarbeitern, welche auch nur eine potentielle Kommunikationsbeziehung haben, d.h. normalerweise nicht kommuniziert hätten. Damit steigert Business Social Media die Kommunikationsdichte im Unternehmen und hilft sämtliche vorhandenen Wissensressourcen zur Problemlösung optimal einzusetzen.

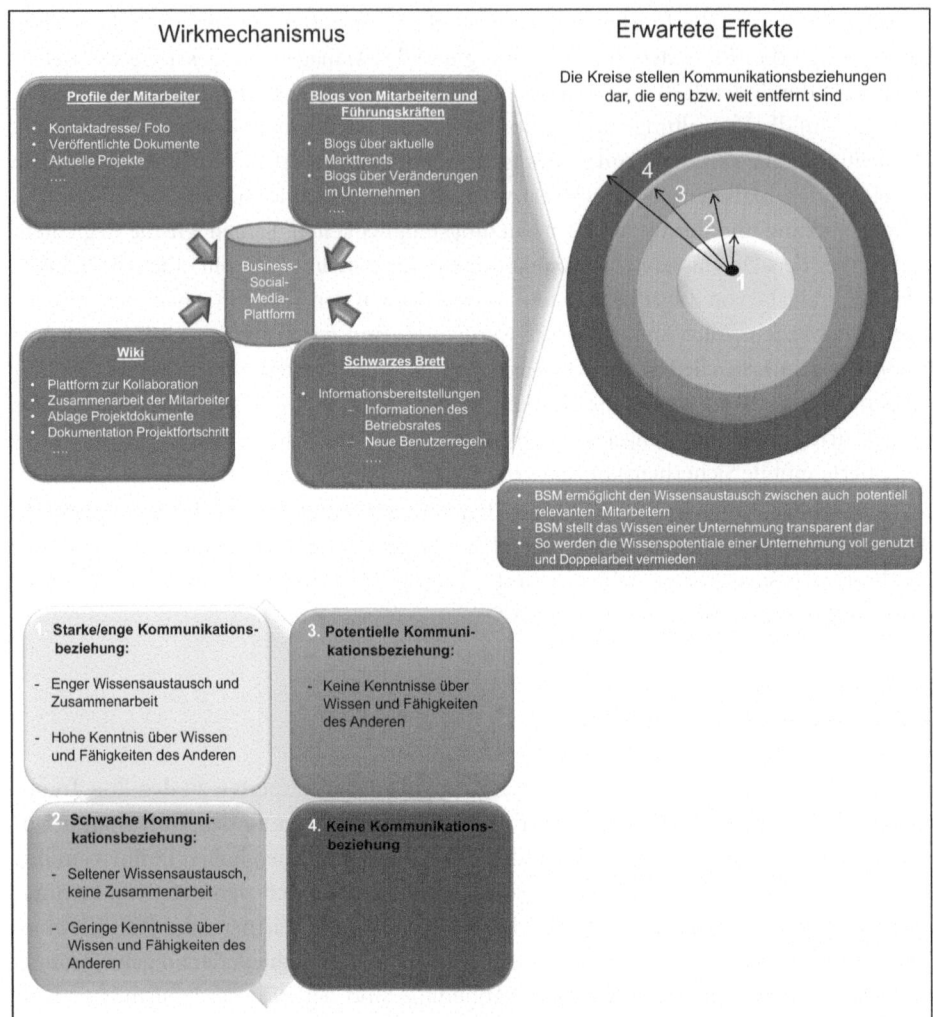

Abb. 7 Wirkmechanismus und erwartete Effekte bei Business Social Media

Gemäß dem Social Media Examiner, welcher eine Studie unter 3.342 Unternehmen durchgeführt hat, geben 90% der befragten Unternehmen an, dass Social Media wichtig für das Geschäft sei (vgl. Hrsg. Social Media Examiner: Small businesses benefit most from socialmedia study reveals, 2011). Unter Business Social Media wird eine Gruppe von internetbasierten Applikationen verstanden, welche auf der technologischen Platform des Web 2.0 Ansatzes (interaktive Kommunikation mit diversen Medien wie Text, Bilder, Video) basiert und es Unternehmen und deren Mitarbeitern, Partnern und Kunden ermöglicht benutzergenerierte Inhalte zu erzeugen und auszutauschen (siehe auch Kaplan, Andreas M., Haenlein, Michael: Users of the world, unite! The challenges and opportunities of Social Media, 2009, S. 61).

Hierbei gibt es für Unternehmen zwei Nutzungsszenarien von Business Social Media: Im ersten Szenario (Szenario 1) nutzen Unternehmen Social Media, um mit Externen (z.B.

Kunden, Bewerbern) zu kommunizieren. Dies kann man auch als Business-to-Consumer-Kommunikation (B2C) bzw. Interaktion bezeichnen. Typischerweise ist dies die Präsenz von Unternehmen auf den diversen Social Media Plattformen wie Facebook, Twitter und Co. Erfolgreiche Beispiele aus den USA zeigen, welche Effekte durch die Nutzung von Social-Media-Plattformen durch Unternehmen erzielt werden können. So generiert Starbucks beispielsweise über deren Community „My Starbucks Idea" eine Plattform, auf der Kunden eigene Kaffeeideen eingaben, welche dann bewertet wurden. Die besten Ideen wurden dann durchs Management umgesetzt. Da ein Großteil der Kommunikation bereits heute über die Social-Media-Plattformen wie Facebook erfolgt, müssen Unternehmen, um auf die Stimmen ihrer Kunden zu hören, dort präsent sein. Unternehmen, die dort nicht vertreten sind, fehlt ein wichtiger Bestandteil ihrer Internetpräsenz. Fraglich erscheint es aber, wie lohnenswert eine Präsenz für Unternehmen ohne Privatkundengeschäft ist. Hier gilt es im Einzelfall zu bewerten, wie erfolgsversprechend eine aktive Teilnahme auf den diversen Plattformen sein könnte.

Eine andere Art der Nutzung von Business Social Media (Szenario 2) stellt die nach innen orientierte Ausrichtung dar, in der die Plattform genutzt wird, um die Kommunikation und Zusammenarbeit innerhalb des Unternehmens zu optimieren. Durch die aktuelle Diskussion über Facebook, Twitter &Co. wird dieses Nutzungsszenario häufig vergessen. So bietet Business Social Media die Möglichkeit, Mitarbeiter im Unternehmen zu vernetzen und so den Informationsaustausch und das Lernen untereinander zu ermöglichen. Das, was Google im Internet für die Suche von Inhalten und Facebook mittlerweile für die Kommunikation zwischen Menschen ist, ist Business Social Media für die Zusammenarbeit von Menschen in gemeinsamen Projekten (vgl. Hrsg. Slideshare: Willkommen auf dem Weg ins offen-vernetzte Geschäft, 2011).

Diese Technologie ermöglicht es die Mitarbeiter, insbesondere die Know-how-Träger, einfach und effizient zu vernetzen, Wissen transparent zu machen und in Projekten umfassend zu nutzen. Dieser Effekt ist insbesondere bei größeren Unternehmen mit einer Vielzahl an Kommunikationsbeziehungen wichtig; jedoch ist zu beachten, dass selbst bei Unternehmen mit 20 Mitarbeitern bereits 190 Kommunikationsbeziehungen untereinander bestehen, so dass hier ebenfalls positive Effekte dank Business Social Media erreichbar sind. Sollte ein Unternehmen eine Entscheidung auf der Abstimmung aller Mitarbeiter untereinander treffen, so würden bei diesen 20 Mitarbeitern über 30h Abstimmungszeit (annähernd 4 Arbeitstage) anfallen. Aus diesem Grund wird auch kleineren Unternehmen empfohlen, diese Technologie aktiv zu nutzen und das vorhandene Wissen in den betroffenen Kommunikationsbeziehungen transparent zu machen. Hierbei bietet das vom Professor Andrew P. McAfee entwickelte SLATES-Modell (Schiefertafel) die Grundlagen für die Art der Kommuniation und Zusammenarbeit (vgl. Buhse, Willms/ Stamer, Sören: Die Kunst loszulassen, 2008, Berlin, S. 17 ff.).

SLATES steht für

- **S**earch: Ermöglichen der offenen Suche nach Inhalten und Know-how von Mitarbeitern.

- **L**ink: Informationen und Mitarbeiter verlinken und zusammenbringen, um Zusammenhänge transparent zu machen.

- Authoring: Einfaches bearbeiten von Informationen und Ergebnissen im virtuellen Team.

- Tagging: Verschlagworten, Gruppen mit gemeinsamen Interessen und Know-how transparent und Wissen damit verfügbar zu machen.

- Extensions: automatische Vorschläge für vereinfachtes Auffinden von Zusammenhängen.

- Signals: Proaktive Information an Mitarbeiter, falls Änderungen durchgeführt wurden.

Über Kollaborationsplattformen, welche diesem Modell folgen, lassen sich gemeinsame Projekte transparent umsetzen und die Zusammenarbeit wird deutlich vereinfacht. Einher mit diesem Modell sollte auch das zentrale Ablegen von Teamdokumenten erfolgen, damit diese nicht mehr per E-Mail an alle Projektteilnehmer versendet werden müssen. Die Nutzung von Business Social Media im Sinne des Business-to-Employee-Ansatzes (B2E) scheint aktuell weniger im Fokus zu stehen, obwohl sich hierdurch erhebliche Verbesserungspotentiale selbst bei kleineren Unternehmen erschließen lassen. Zusammenfassend ist davon auszugehen, dass Business Social Media in den beiden Kernausprägungen des Business-to-Consumer (B2C) als auch des Business-to-Employee (B2E) eine der zentralen Fokustechnologie in den nächsten Jahren bleiben wird.

Die drei aufgezeigten Kerntrends und die hergeleiteten Fokustechnologien verändern den Umgang von Unternehmen mit ICT-Lösungen nachhaltig. Es verändert sich sowohl der Leistungserbringer (im Rahmen der Externalisierung), die Art der Leistungserbringung (im Rahmen der Virtualisierung) als auch der Ort der Leistungserbringung (im Rahmen der Mobilisierung). Die Stärke der Veränderung im ICT-Markt führt zwangsläufig bei einigen Unternehmen zu Widerständen bei der Nutzung, wodurch die stärkere Nutzung von ICT-Produkten noch verhindert wird. Um die Nutzung und die damit verbundenen Produktivitätssteigerungen vollständig zu erschließen, gilt es die Hürden bei der Nutzung der einzelnen Fokustechnologien zu erkennen und Maßnahmen abzuleiten, diese zu überwinden. Bevor mögliche Investitionshürden analysiert werden, sollen jedoch im folgenden Kapitel die spezifischen Rahmenbedingungen von ICT-Technologien dargestellt und interpretiert werden.

2.4   Rahmenbedingungen von ICT- Innovationen (Gastbeitrag von Dr. Arno Wilfert und Marc Oliver Hoormann, LL.M.)

Verschiedene Rahmenbedingungen können die Bereitschaft, in neue ICT-Technologien zu investieren, deutlich beeinflussen. Hierzu zählen insbesondere rechtliche Aspekte. Die Zurückhaltung bei Investitionen in ICT-Technologien kann sich beispielsweise verstärken, wenn bestimmte rechtliche Fragestellungen nicht eindeutig zu beantworten und noch nicht höchstrichterlich geklärt sind. Die wesentlichen rechtlichen Fragestellungen sollen im Folgenden anhand des Beispiels „Smartphone Einsatz in Unternehmen" erläutert werden.

„Mobile Devices" wie beispielsweise Smartphones, Notebooks und Tablets sind ständige und wesentliche Begleiter unseres täglichen Lebens – privat wie beruflich. Das Smartphone wird oft zum „mobilen, digitalen Büro": es ist handlich, verfügt sowohl über zunehmend hohe Speicherkapazität als auch Rechenleistung und bietet neben der Telefonfunktion Internet- und E-Mailzugang sowie unzählige Apps und den Zugang zu unternehmensspezifischen Anwendungen.

Stellt der Arbeitnehmer seinen Mitarbeitern Mobile Devices zur Verfügung, hat die Unternehmensführung zahlreiche rechtliche Aspekte zu berücksichtigen, um der gesetzlichen Pflicht des Risikomanagements nachzukommen und das Risiko von Gesetzesverstößen und damit verbundenen Bußgeldern, Schadensersatzforderungen oder Imageschäden möglichst gering zu halten und keine persönliche Haftung zu riskieren.

Es stellt sich beispielsweise die Frage, ob der Mitarbeiter das betriebliche Smartphone auch privat nutzen darf. Erlaubt oder duldet der Arbeitgeber die Privatnutzung, kann das Folgen haben, die sich unter anderem auf seine Kontroll- und Einsichtsrechte auswirken. Die Nutzung von z. B. Ortungsdaten zur Leistungs- und Verhaltenskontrolle ist ebenfalls nicht ohne rechtliche Grenzen möglich. Im Verlustfall stellt sich die Frage, inwiefern der Arbeitgeber die auf dem Smartphone befindlichen – ggf. privaten – Daten aus der Ferne löschen darf. Die in der Praxis zu beobachtende zunehmende Vermischung von beruflicher und privater Nutzung schafft ebenfalls Handlungsbedarf im Hinblick auf Arbeitsrecht (z. B. Arbeitszeiten, Einbeziehung des Betriebsrats) sowie Datenschutzrecht. Die rechtlichen Hürden werden noch deutlich anspruchsvoller, wenn Mobile Devices ins Unternehmensumfeld eingeführt werden, die im Eigentum der Mitarbeiter stehen, so genanntes „Bring your own Device" („ByoD"). Bevor ein solches ByoD-System eingesetzt wird, gilt es zahlreiche rechtliche Fragen z. B. im Hinblick auf die Eigentümerstellung und die damit verbundenen Folgen, auf Haftung, Arbeitsrecht, Archivierungspflichten und auf Steuern zu klären.

Die rechtlichen Risiken, die hier überblicksartig und nicht abschließend aufgeführt werden, müssen erkannt und klar und verständlich in einer Nutzungsvereinbarung mit der Arbeitnehmerseite geregelt werden. Bestehende IT-Sicherheits-Policies oder Betriebsvereinbarungen sind häufig an den aktuellen Stand der Technik anzupassen.

Privatnutzung

Überlässt der Arbeitgeber seinen Mitarbeitern betriebliche Mobile Devices, kann er frei entscheiden, ob und   falls ja   zu welchen Konditionen er die private Nutzung erlauben will. Der Arbeitgeber sollte regeln, welche Funktionalitäten (Telefon, E-Mail, Internet) diese Erlaubnis umfassen soll. Will er gestatten, dass seine Mitarbeiter den dienstlichen E-Mail-Account für private Mails, den Internetzugang für privates Surfen oder das Telefon für private Anrufe nutzen dürfen? Eine pauschale Erlaubnis, das Mobile Device privat nutzen zu dürfen, würde regelmäßig alle Nutzungsmöglichkeiten erfassen. Die Erlaubnis der Privatnutzung kann dem Mitarbeiter das Leben erleichtern, denn er kann möglicherweise überwiegend auf ein weiteres, privates Device verzichten. Dadurch bindet der Arbeitgeber den Mitarbeiter enger an das Unternehmen, wobei hierbei auch die gesetzlichen Vorgaben zur Arbeitszeit im Blick behalten werden müssen. Als positiver Nebeneffekt der Privatnutzung ist der Mitarbeiter in seiner freien Zeit vielleicht auch besser auf dem betrieblichen Smartphone erreichbar und muss nicht mehrere Geräte mit sich führen.

Aus rechtlicher Sicht hat die Erlaubnis hingegen sehr weitreichende Folgen, etwa für Kontroll- und Einsichtrechte des Arbeitgebers. Die Gründe für Kontrolle können vielfältig sein: ist der Mitarbeiter unvorhergesehen abwesend, zum Beispiel weil er krank ist, kann es notwendig sein, seinen Posteingang einzusehen, um gegebenenfalls Mails zu beantworten. Der Mitarbeiter könnte auch verdächtig sein, einen Korruptionstatbestand erfüllt zu haben oder unbefugt Daten kurz vor dem Ausscheiden aus dem Unternehmen via E-Mail versendet zu haben.

Erlaubt der Arbeitgeber zum Beispiel die private Nutzung des betrieblichen E-Mail-Zugangs oder setzt er ein Verbot nicht konsequent durch, ist es umstritten, ob solche Arbeitgeber die E-Mails ihrer Mitarbeiter in angemessenem Umfang kontrollieren dürfen oder nicht. Ein großer Teil der Fachliteratur und viele Aufsichtsbehörden sehen Arbeitgeber dann als Diensteanbieter nach § 3 Nr. 6 Telekommunikationsgesetz (TKG) an, sofern sie ihren Mitarbeitern die private Nutzung des betrieblichen E-Mail-Zugangs erlauben. Dafür kommt es weder auf eine Gewinnerzielungsabsicht noch auf die Gewerbsmäßigkeit des Angebots an. Sofern man die Eigenschaft als Diensteanbieter bejaht, verbietet das Fernmeldegeheimnis eine Einsichtnahme in die betrieblichen E-Mail-Accounts von Mitarbeitern. Denn in der Praxis stellt sich bei erlaubter oder geduldeter Privatnutzung das Problem, wie das Unternehmen berufliche von privaten E-Mails unterscheiden soll. Ein Verstoß gegen das Fernmeldegeheimnis wäre nach § 206 StGB sogar strafbar. Zum Teil wird weiter danach differenziert, ob der Mitarbeiter die E-Mail bereits abgerufen hat und sie sich in seinem Posteingang befindet oder noch auf dem Server. Nach einer Auffassung wäre das Fernmeldegeheimnis nach dem Abschluss des eigentlichen Übertragungsvorgangs nicht mehr anwendbar.

Einige jüngere Entscheidungen von Landesarbeitsgerichten gehen in eine andere Richtung und sehen den Arbeitgeber auch dann nicht als Diensteanbieter gemäß § 3 Nr. 6 TKG, wenn dieser seinen Arbeitnehmern die private Nutzung der betrieblichen E-Mail-Systeme erlaubt. Das Landesarbeitsgericht (LAG) Niedersachsen hatte beispielsweise in einem Kündigungsschutzprozess geprüft, ob die von der Beklagten eingeführten E-Mails, die eine exzessive, unangemessene Nutzung durch den Mitarbeiter bewiesen, einem Verwendungs- und Verwertungsverbot unterlagen (LAG Niedersachsen, Urteil vom 31.05.2010 – 12 Sa 875/09), und dies verneint. Ähnlich sieht es auch das LAG Berlin-Brandenburg, demzufolge ein Arbeitgeber nicht allein dadurch zum Diensteanbeiter im Sinne des TKG wird, dass er seinen Beschäftigten gestattet, einen dienstlichen E-Mail-Account auch privat zu nutzen. Belassen die Beschäftigten bei Nutzung des Arbeitsplatzrechners die eingehenden E-Mails im Posteingang bzw. die versendeten im Postausgang, so solle der Zugriff des Arbeitgebers auf diese Daten nicht den rechtlichen Beschränkungen des Fernmeldegeheimnisses unterliegen (LAG Berlin-Brandenburg, Urteil vom 16.02.2011 – 4 Sa 2132/10).

Auch wenn die Praxis zeigt, dass viele Unternehmen dies tun, ist die Variante, die Privatnutzung gar nicht zu regeln, keinesfalls die beste Lösung. Es gilt grundsätzlich die Regel, dass ohne eine explizite Erlaubnis die private Nutzung des Smartphones grundsätzlich nicht erlaubt ist (vgl. Bundesarbeitsgericht, Urteil vom 07.07.2005 – 2 AZR 581/04). Allenfalls eine kurzfristige private Nutzung des Internets soll während der Arbeitszeit gerade noch als hinnehmbar angesehen sein.

Nutzt der Arbeitnehmer das Smartphone dennoch privat, kann das arbeitsrechtliche Konsequenzen bis zur Kündigung haben, wobei in der Regel eine vorherige Abmahnung erforderlich ist (vgl. zur Kündigung wegen Speicherung privater Dateien auf Firmen-Laptop und unternehmensbezogener Dateien auf privater Festplatte: Bundesarbeitsgericht, Urteil vom 24.03.2011 – 2 AZR 282/10).

Die Rechtslage ist mangels höchstrichterlicher Klärung nicht eindeutig. Sofern der Arbeitgeber sich weitgehende Kontrollrechte vorbehalten will, empfiehlt sich zurzeit ein klares, komplettes Verbot der privaten Nutzung des betrieblichen E-Mail-Systems.

Überwachung mittels Ortung

Beschäftigte können durch den Einsatz von Ortungssystemen überwacht werden. So kann der Arbeitgeber beispielsweise über die GPS-Signale genau ermitteln, wo sich der Mitarbeiter gerade aufhält oder mit welcher Geschwindigkeit er fährt. Die Angaben beziehen sich unmittelbar nur auf das Gerät. Durch die Gerätezuordnung und die Tatsache, dass sich das Smartphone regelmäßig im Radius von weniger als einem Meter vom Mitarbeiter befindet, entsteht in der Regel ein Personenbezug. Durch diese Daten können Bewegungs- und Verhaltensprofile über den Mitarbeiter angelegt werden. Die Nutzung von GPS-Daten auf Mobile Devices zur dauernden Kontrolle des Mitarbeiters, ist datenschutzrechtlich unzulässig. Mitarbeiter sollen keinem permanenten Kontrolldruck ausgesetzt werden.

Der Einsatz von Ortungstechnik setzt grundsätzlich voraus, dass der Mitarbeiter entweder in die Erhebung, Verarbeitung und Nutzung seiner personenbezogenen Daten eingewilligt hat, oder dass eine Rechtsvorschrift dies erlaubt. Wegen des Abhängigkeitsverhältnisses zum Arbeitgeber liegt häufig die für eine wirksame Einwilligung erforderliche Freiwilligkeit der Entscheidung nicht vor. Sofern die Ortung zur Durchführung des Beschäftigungsverhältnisses erforderlich ist, kann sie zulässig sein; das ist eine Frage, die im Einzelfall geklärt werden muss. Es kommt auf den konkreten Zweck der Datenverarbeitung, die technischen Möglichkeiten des Ortungssystems und dessen tatsächlichen Gebrauch an. Dient die Ortung beispielsweise allein dem Zweck, wertvolle Gegenstände zu lokalisieren (z. B. Geldtransporter oder sonstiger Fuhrpark), kann sie zulässig sein. Zu unterbinden sind in der Regel solche Auswertungsfunktionalitäten, die ausschließlich der Überwachung von Mitarbeitern dienen. Nur in Ausnahmefällen können solche Kontrollen unter Beachtung des Verhältnismäßigkeitsgrundsatzes zulässig sein, wenn diese erforderlich sind, um zum Beispiel konkreten Verdachtsmomenten auf arbeitsrechtliche Verfehlungen nachzugehen. Bei der Planung und Ausgestaltung solcher Ortungssysteme ist zu gewährleisten, dass ausschließlich die für die betrieblichen Zwecke erforderlichen (und keine überflüssigen) Daten erfasst werden. Der Betroffene muss ferner über den Erhebungszweck und –umfang sowie seine Auskunftsrechte informiert werden. Schließlich ist klar zu regeln, wer eine Zugangsberechtigung zu den Daten haben soll, wie die Datenspeicherung protokolliert und nach welcher Speicherdauer die Daten gelöscht werden sollen.

Arbeitszeiten

Die gesetzlichen Regelungen zu Arbeitszeit und Urlaub sind bei der Nutzung zu beachten. Oft werden Mobile Devices auch nach Beendigung der täglichen Arbeitszeit – in der Freizeit – nicht ausgeschaltet. Mails, Anrufe und sonstige Nachrichten gehen spät abends, am Wochenende und im Urlaub ein und sollen in der Regel möglichst zeitnah bearbeitet werden. Zunehmend verschwimmen die zeitlichen Grenzen zwischen Arbeits- und Privatleben mit der steigenden Verbreitung moderner Kommunikationsmedien. Nach einer Studie des BITKOM sind fast 9 von 10 Berufstätigen auch außerhalb ihrer regulären Arbeitszeiten für Kunden, Kollegen oder Vorgesetzte per Internet oder Handy erreichbar (vgl. Hrsg. BITKOM: Erreichbarkeit ist für die meisten selbstverständlich, 2011).

Werden die ordnungsgemäße Einhaltung der Höchstarbeitszeiten und/oder die vorgeschriebene Mindestruhe schuldhaft nicht überwacht und dokumentiert, kann diese Ordnungswidrigkeit mit einem Bußgeld von bis zu 15.000 EUR geahndet werden (§ 22 ArbZG). Das gilt grundsätzlich sogar dann, wenn der Arbeitnehmer damit einverstanden ist, seine Ruhezeit zu unterbrechen oder die maximal zugelassenen Arbeitszeiten zu überschreiten. Begeht der Arbeitgeber diesen Verstoß vorsätzlich und gefährdet dadurch die Gesundheit oder Arbeitskraft eines Arbeitnehmers oder wiederholt er beharrlich solche Verstöße, macht er sich strafbar, was mit Freiheitsstrafe bis zu einem Jahr oder Geldstrafe geahndet werden kann (§ 23 ArbZG). Ebenfalls könnte sich der Betriebsrat einschalten, weil er darüber zu wachen hat, dass die zu Gunsten der Arbeitnehmer bestehenden Gesetze, Rechtsverordnungen und Vorschriften, Tarifverträge und Betriebsvereinbarungen beachtet werden, wozu auch die Arbeitszeit (§ 80 Abs. 1 Nr. 1 Betriebsverfassungsgesetz) gehört. In manchen Unternehmen hat der Betriebsrat die Gefahren für die Gesundheit der Mitarbeiter infolge der ständigen Erreichbarkeit erkannt und erfolgreich gegengesteuert. Beispielsweise sieht eine neue Betriebsvereinbarung bei Volkswagen vor, dass an die vom Betriebsrat vertretenen Angestellten (ca. 1.500) eine halbe Stunde nach Arbeitsende bis eine halbe Stunde vor Arbeitsbeginn keine beruflichen E-Mails mehr durchgeleitet werden.

Verlust des Smartphones

Wird ein Smartphone gestohlen oder kommt es versehentlich abhanden, können sowohl Geschäftsdaten als auch personenbezogene, private Daten des Nutzers unbefugten Dritten bekannt werden. Ebenso sind die IT-Sicherheitsmaßnahmen bei Mobile Devices noch nicht ausgereift. So beobachten aktuelle Studien eine deutliche Zunahme von Schadware und Attacken auf Mobile Devices.

Auch im Verlustfall kann sich die Entscheidung über die Erlaubnis der Privatnutzung auswirken. Hat der Arbeitgeber die private Nutzung erlaubt und der Arbeitnehmer private Daten auf dem Mobile Device gespeichert, würden diese sich auch auf dem abhandengekommenen Gerät befinden. Löscht die IT im Wege eines „Remote Wipe" alle Daten (auch die privaten), könnte das als Datenveränderung gemäß § 303a StGB sogar einen Straftatbestand darstellen. Deshalb sollte grundsätzlich geregelt werden, dass private Daten auch im Fall einer Fernlöschung gelöscht werden dürfen.

Das Risiko, dass im Falle des Verlusts des Smartphones, der Finder versucht, auf private oder dienstliche Daten zuzugreifen ist sehr hoch wie eine aktuelle Untersuchung zeigt: 50 Smartphones wurden mit einer Mischung aus fingierten geschäftlichen und privaten Daten sowie der Möglichkeit bespielt, durch Fernüberwachung herauszufinden, was der jeweilige „Finder" mit dem Smartphone anstellen wird, und anschließend „bewusst verloren". Zwar wurde die Hälfte der Smartphones zurückgegeben, 96% der Finder hatten aber versucht, auf die auf den Smartphones gespeicherten geschäftlichen und privaten Daten zuzugreifen (vgl. Hrsg. CIO: Symantec Smartphone Honey Stick Project, 2012).

Sind auf dem Gerät besonders sensible Daten wie z. B. Gesundheitsdaten, Bank- oder Kreditkartendaten oder solche Daten, die einem beruflichen Verschwiegenheitsgeheimnis unterliegen, gespeichert, sollte überprüft werden, ob ein Datenschutzvorfall im Sinne von § 42a BDSG vorliegt, der unverzüglich der zuständigen Behörde sowie den Betroffenen mitzuteilen ist. Eine unterlassene, nicht richtige, nicht vollständige oder verspätete Meldung von Datenpannen stellt eine Ordnungswidrigkeit dar und kann mit einem Bußgeld von bis zu 300.000 EUR geahndet werden.

Sonderfall: ByoD
Eine höhere rechtliche Komplexität entsteht, wenn Mobile Devices ins Unternehmensumfeld integriert werden sollen, die im privaten Eigentum des Mitarbeiters stehen und auf die der Arbeitgeber grundsätzlich nicht so viel Einfluss hat, wie auf seine eigenen Geräte. Die Spielarten von ByoD sind vielfältig. Sie reichen von der gelegentlichen Nutzung des privaten Smartphones für geschäftliche Telefonate bis zur vollständig eigenverantwortlichen Beschaffung und Administration privater Laptops durch einzelne Mitarbeiter. Allgemein sind beim ByoD verschiedene Grund-Konstellationen denkbar: Der Arbeitgeber erlaubt die Nutzung privater Endgeräte erstens außerhalb oder zweitens innerhalb des Unternehmensnetzwerks. Drittens könnte sich der Arbeitnehmer gegenüber dem Arbeitgeber dazu verpflichten, Mobile Devices beruflich zu nutzen; hierfür erhält er vom Arbeitgeber in der Regel einen finanziellen Ausgleich, je nach Ausgestaltung entweder eine einmalige Zahlung und/oder gegebenenfalls wiederkehrende Zahlungen.

Datensicherheit
Die Kommunikation zwischen Unternehmens-IT und ByoD-Geräten sollte beispielsweise mittels Verschlüsselungstechniken gesichert sein. Insbesondere bei sensiblen Daten ist dies notwendig. Außerdem muss das ByoD so abgesichert werden, dass über das Gerät nicht unbefugt auf die Unternehmens-IT zugegriffen werden kann. Ferner ist für Zugriffsschutz für Unternehmensdaten auf ByoD-Geräten zu sorgen. Entsprechende Security-Updates müssen regelmäßig erfolgen und der Schutz gegen Malware, Viren, usw. auf aktuellem Stand gehalten werden. In die Nutzungsvereinbarung gehören deshalb Regelungen zu Maßnahmen zum Schutze der Daten- und IT-Sicherheit, wie beispielsweise Regeln zur Passwort-Sicherheit oder Vorgaben zur Installation von Software oder Apps.

Datenschutz
Bei der Weitergabe von beruflichen Daten auf ein ByoD-Gerät ist das Bundesdatenschutzgesetz (BDSG) grundsätzlich anwendbar. Das BDSG findet keine Anwendung, sofern die Erhebung, Verarbeitung und Nutzung von personenbezogenen Daten ausschließlich für persönliche oder familiäre Tätigkeiten erfolgt. Das ByoD-Gerät soll aber gerade nicht ausschließlich für persönliche oder familiäre Tätigkeiten genutzt werden, sondern auch im Unternehmensumfeld für geschäftliche Zwecke eingesetzt werden. Die Weitergabe von Daten des Arbeitgebers an das ByoD-Gerät des Arbeitnehmers ist keine Übermittlung, da der Arbeitnehmer kein Dritter ist, sofern er die Daten im Rahmen ihrer dienstlichen Funktion erhält. Hingegen sind sie Dritte, wenn sie Daten zu privaten oder eigenen geschäftlichen Zwecken erhalten.

Im Datenschutzrecht gilt ferner das Trennungsgebot: zu unterschiedlichen Zwecken erhobene Daten sind zu trennen. Eine Vermischung von privaten und geschäftlichen personenbezogenen Daten ist unzulässig. So ein Verstoß gegen das Bundesdatenschutzgesetz kann mit Bußgeldern bis zu 50.000 EUR geahndet werden. Für die Trennung beruflicher und privater Daten muss eine technische Lösung gefunden werden. Dies kann beispielsweise über eine Container-Lösung oder auch mittels Virtualisierungstechniken realisiert werden.

Die Datenschutzrisiken stellen sich noch einmal komplexer dar, wenn Mitarbeiter auf ihren privaten Endgeräten Dienste von Cloud-Providern nutzen, die ihren Sitz außerhalb der Europäischen Union haben. Dann müsste durch spezielle Vereinbarungen ein angemessenes Datenschutzniveau hergestellt werden – einfacher ist es, die Nutzung solcher Dienstleister in der Betriebsvereinbarung auszuschließen, was allerdings wieder in die Nutzungsmöglichkeiten im privaten Bereich einschränkt.

Arbeitsrecht

Grundsätzlich besteht kein Recht auf ByoD. Der Einsatz privater Endgeräte bedarf der Erlaubnis des Arbeitgebers. Fehlt diese, kann der Arbeitgeber arbeitsrechtlich vorgehen und gegebenenfalls Schadensersatz fordern, zum Beispiel für die Beseitigung von Viren, die über ein ungenügend geschütztes Notebook ins Firmennetz eindringen konnten. Speichert der Arbeitnehmer Unternehmensdaten ohne Erlaubnis des Arbeitgebers auf privaten Endgeräten, kann das den Verdacht eines strafbaren Verrats von Geschäfts- oder Betriebsgeheimnissen begründen.

Andererseits sind Arbeitnehmer aus ihrem Arbeitsvertrag grundsätzlich nicht verpflichtet, eigene Mobile Devices in das Unternehmensumfeld einzuführen und betrieblich zu nutzen. Die Pflicht, betriebliche Arbeitsmittel und Ressourcen bereitzustellen und zu erhalten, trifft grundsätzlich den Arbeitgeber. Das Privateigentum der Mitarbeiter unterliegt nicht der Dispositionsbefugnis des Arbeitgebers. Sofern der Arbeitgeber einen Anspruch darauf begründen will, die Mobile Devices seiner Mitarbeiter und die darauf installierte Software nutzen zu dürfen, bedarf das einer besonderen vertraglichen Vereinbarung. Dabei empfiehlt sich schon aus Gründen der Übersicht, die jeweiligen Gerätetypen und Softwareversionen detailliert zu erfassen.

Zivilrecht

Auch die Eigentumsverhältnisse und die sich daran anschließenden Verpflichtungen müssen geklärt sein. In der Regel wird das ByoD-Gerät im Eigentum des Mitarbeiters stehen, was aber nicht zwingend der Fall sein muss. Zahlen sowohl Arbeitgeber als auch Arbeitnehmer einen Teil der Anschaffungskosten, sollte klar geregelt werden, wer Eigentümer des Mobile Device sein soll.

Wird das Gerät bei Ausübung der beruflichen Tätigkeit beschädigt oder zerstört oder kommt es abhanden, stellt sich die Frage, ob und in welcher Höhe der Mitarbeiter für sein Eigentum entschädigt und wer auf wessen Kosten für ein Ersatzgerät sorgen wird. Dem Mitarbeiter als Eigentümer stehen grundsätzlich auch etwaige Gewährleistungsrechte zu, wenn das Gerät mangelhaft ist. Es ist auch im Interesse des Arbeitgebers, zu klären, wer sich innerhalb welcher Fristen um den Service zu kümmern hat und ob und von wem der Mitarbeiter während etwaiger Ausfallzeiten bei einer Reparatur ein Ersatzgerät erhält.

Die Frage, wer haftet, falls das Smartphone beschädigt oder zerstört wird, muss im Einzelfall ermittelt werden. Für berechtigterweise in den Betrieb eingebrachte Mobile Devices des Arbeitnehmers besteht grundsätzlich eine Schutzpflicht des Arbeitgebers, sofern ein innerer Zusammenhang mit der Arbeitsleistung besteht. Wird das Gerät auf der Geschäftsreise durch leicht fahrlässiges Verhalten des Mitarbeiters beschädigt, dürfte der Arbeitgeber haften. Nutzt der Mitarbeiter das ByoD-Gerät gegen den Willen oder ohne Kenntnis des Arbeitgebers, oder zahlt der Arbeitgeber dem Arbeitnehmer einen finanziellen Ausgleich für die Bereitstellung des Mobile Device, sprechen diese Umstände eher gegen eine Haftung des Arbeitgebers.

Strafrecht

Der Zugriff auf ein privates Mobile Device darf nicht unter Überwindung von Sicherheitsmechanismen des Arbeitnehmers erfolgen. Greift der IT-Administrator dennoch auf die privaten Daten zu, droht eine Strafbarkeit wegen Ausspähen von Daten, was mit Geldstrafe oder Freiheitsstrafe belangt werden kann. Außerdem riskiert der Administrator seinen Arbeitsplatz.

Werden beim Remote Wipe ohne Einverständnis des Mitarbeiters dessen private Daten gelöscht, kann das eine strafbare Datenveränderung darstellen. Es ist deshalb empfehlenswert, sich zuvor vom Mitarbeiter das Einverständnis einzuholen.

Urheberrecht

Schließlich muss gewährleistet sein, dass für die Software oder Datenbanken, die auf Mobile Devices genutzt werden, ausreichende Nutzungsrechte vorhanden sind. Ansonsten drohen Ansprüche des Rechteinhabers auf Unterlassung, auf Auskunft oder auf Schadensersatz.

Selbst wenn der Arbeitgeber ByoD erlaubt oder zumindest duldet, ist der Mitarbeiter nicht ohne weiteres berechtigt, die auf seinem ByoD-Gerät befindlichen Softwareprogramme dienstlich zu nutzen. Andererseits bestehen auch nicht automatisch für Software oder Datenbanken, die vom Arbeitgeber unter einer Unternehmenslizenz erworben und auf einem privaten Device installiert wurden, entsprechende Nutzungsrechte. Es ist deshalb dringend anzuraten, den urheberrechtlichen Rahmen vor der Entscheidung über ein ByoD-Programm genauer zu betrachten. Im Zweifel sollte man sich mit dem Hersteller bzw. Rechteinhaber offen auseinandersetzen und über entsprechende Nutzungsrechte einigen.

Aufbewahrungspflichten

Weiter muss dafür Sorge getragen werden, dass alle zu archivierenden Dokumente auch entsprechend Handelsgesetzbuch und Abgabenordnung revisionssicher archiviert werden. Bei multinationalen Konzernen, die in den USA Konzerngesellschaften haben, kann ein weiterer Aspekt dazukommen: die so genannte „e-Discovery". Im Rahmen von gerichtlichen Auseinandersetzungen und unternehmensinternen rechtlichen Voruntersuchungen in Compliance-relevanten-Bereichen – wie z.B. Korruption, Betrug, Kartellverstöße und Datendiebstahl – kommt der elektronischen forensischen Datenanalyse zunehmende Bedeutung zu. Können die angeforderten Daten dann nicht vorgelegt werden, kann das dazu führen, dass allein aus diesem Grunde ein Gerichtsverfahren verloren wird.

Steuerliche Aspekte

Schließlich empfiehlt sich, Finanzierungsmodelle steuerlich überprüfen zu lassen. Je nachdem, wie die Bezuschussung der ByoD-Geräte gestaltet ist, kann das auch steuerliche Auswirkungen haben, sowohl für den Arbeitgeber als auch für den Arbeitnehmer. Bei Zuschüssen sollte geregelt sein, ob sie als rückzahlbares Darlehen bei vorzeitigem Ausscheiden des Mitarbeiters oder als „verlorener Zuschuss" gedacht sind. Möglicherweise ist auch eine jährliche Beteiligung des Arbeitgebers an den Kosten sinnvoll.

Nutzungsvereinbarung

Die aktuelle Praxis zeigt, dass viele Unternehmen die Nutzung von Mobile Devices derzeit noch nicht klar geregelt haben. Es gibt zwar häufig eine IT Security Policy oder eine Betriebsvereinbarung „Internet & E-Mail", in der die private Nutzung von betrieblichen Kommunikationsmitteln – zumindest im Ansatz – geregelt ist. Oft passen diese Regelungen aber nicht richtig, sind zu knapp und spiegeln nicht die vielseitigen Risiken und Gefährdungslagen der Mobile Devices wider. Sofern diese älter als 2007 sind, werden darin vermutlich vergeblich Begriffe wie „Smartphone", „Tablet", „Mobile Device" oder „App" enthalten sein. Es ist deshalb empfehlenswert, diese Regelungen an den aktuellen technischen Stand und die damit zusammenhängenden Risiken anzupassen. Insofern besteht häufig dringender Handlungsbedarf, um die Risiken zu minimieren.

Es stellt sich für den Arbeitgeber die Frage, ob die Nutzungsvereinbarung mit jedem Arbeitnehmer individuell oder über den Betriebsrat getroffen werden sollte. Eine individualvertragliche Lösung kann – je nach Mitarbeiterzahl – einen nicht unerheblichen organisatorischen Aufwand darstellen, denn bestehende Arbeitsverträge müssen angepasst werden. Spätere Änderungen wären nicht so flexibel durchführbar, denn der Arbeitgeber müsste sie wiederum mit jedem einzelnen Arbeitnehmer vereinbaren. Außerdem unterliegen arbeitsvertragliche Regelungen häufig der AGB-Kontrolle. Klauseln, die den Arbeitnehmer unangemessen benachteiligen, sind unwirksam.

Vorteilhafter ist es in der Regel, die Nutzungsregeln direkt in einer Betriebsvereinbarung zu regeln, sofern das Unternehmen über einen Betriebsrat verfügt. Das erhöht die Flexibilität, weil spätere Änderungen der Betriebsvereinbarung automatisch auf alle Arbeitsverhältnisse wirken, die der Betriebsvereinbarung unterliegen. Ohnehin erfasst das Mitbestimmungsrecht des Betriebsrates jede Änderung der technischen Einrichtung. Werden die verarbeiteten Daten, die Programmabläufe oder der Zugriffsschutz geändert, ist der Betriebsrat zur Mitbestimmung berechtigt.

Generell ist eine Regelung mit dem Betriebsrat zu empfehlen, da die Einführung von Mobile Device Management in der Regel mitbestimmungspflichtig ist (§ 87 Abs. 1 Nr.1, Nr. 6 BetrVG). Der Arbeitgeber kann solche Maßnahmen nur einvernehmlich mit dem Betriebsrat regeln. Handelt er einseitig ohne Mitwirkung des Betriebsrates, ist seine einseitige Entscheidung unwirksam. Gegen den Willen des Betriebsrats kann der Arbeitgeber keine solche Entscheidung durchsetzen. Im Konfliktfall können beide Seiten eine Einigungsstelle anrufen, deren Spruch dann bindend ist.

Die Ausführungen am Beispiel Smartphone haben gezeigt, dass es zahlreiche juristische Aspekte gibt, die einer Klärung bedürfen. Problematisch ist vor allem, keine rechtlichen Regelungen zu treffen oder fehlende rechtliche Regelungen als Investitionsbarriere in neue Technologien zu betrachten. Es ist zu empfehlen, unternehmensspezifische Regelungen zu definieren und damit für alle Beteiligten den Gestaltungsspielraum abzugrenzen. Zusätzlich sollten die getroffenen Regelungen beim Einsatz neuer Technologien oder sich ändernden rechtlichen Anforderungen regelmäßig aktualisiert werden.

Hürden bei der Einführung und Nutzung von ICT-Technologien

3

Die Nutzung von innovativen ICT-Technologien verspricht den nutzenden Unternehmen eine Vielzahl von Vorteilen. So steigern diese Lösungen die Flexibilität, erhöhen die Produktivität und Wettbewerbsfähigkeit und senken die Kosten. Dennoch nutzen die deutschen Unternehmen diese innovativen Lösungen im geringeren Maße als US amerikanische Unternehmen (vgl. Cohen, Daniel/ Garibaldi, Peitro/ Scarpetta, Stefano: The ICT Revolution, 2004, New York, S.50 ff.). Gründe hierfür könnten insbesondere spezifische Hürden und Vorbehalte sein, welche deutsche Unternehmen abhalten diese innovativen Technologien einzusetzen. In diesem Kapitel werden auf Basis einer empirischen Erhebung bei 105 deutschen Unternehmen für die in Kapitel 3 beschriebenen Fokustechnologien die Hürden vorgestellt, analysiert sowie anschließend im Rahmen eines Fazits für die Marktteilnehmer bewertet.

3.1 Zielsetzung der Befragung

Investitionen in die in Kapitel 2 vorgestellten Fokustechnologien stehen in der Regel Vorbehalte gegenüber. Vor- und Nachteile der Investition werden häufig in einem systematischen Prozess abgewogen. Überwiegen die Vorteile, wird investiert, überwiegen die Nachteile wird abgewartet und oft die weitere technologische Entwicklung beobachtet. Zur Generierung von harten Marktdaten über das Investitionsverhalten von Unternehmen in die Fokustechnologien, wurde an der Hochschule Bonn-Rhein-Sieg ein Forschungsprojekt unter intensiver Mitarbeit von Björn Bremmekamp, Lotta Darius, Michael Lanzerath, Deni Markovic, Sarah Messerich, Florian Müller, Michal Sikora, Simon Teichert, Christina Zink sowie Rainer Kröber und Anton Neuchev im Wintersemester 2011/2012 aufgesetzt.

Ziel war die Identifizierung von Investitionshürden für die Fokustechnologien. Als Kernfrage sollte beantwortet werden: Was hält Unternehmen konkret davon ab, in innovative ICT-Lösungen zu investieren?

Aus dieser Kernfrage lassen sich weitere Teilfragen für die Untersuchung ableiten:

- Wie bekannt sind diese Technologien bei deutschen Unternehmen und in welchem Umfang werden sie bereits eingesetzt?

- Welche Investitionsbarrieren werden als subjektiv oder objektiv empfunden?

- Gibt es Unterschiede in der Einschätzung der Investitionsbarrieren zwischen Unternehmen, diese Technologien zu nutzen bzw. nicht zu nutzen?

- Existieren Unterschiede bei der Nutzung dieser Technologien über verschiedene Kategorien von Unternehmensgrößen?

- Wie zufrieden sind Unternehmen, welche diese Technologien bereits heute einsetzen und würden sie diese weiterempfehlen?

Um diesen Fragestellungen nachzugehen, wurden zunächst einige Hypothesen zum Investitionsverhalten aufgestellt:

- Unternehmen sind häufig nicht ausreichend über den Nutzen von ICT-Lösungen informiert.

- Die mit ICT-Lösungen verbundenen Investitionskosten werden als zu hoch empfunden bzw. können nicht richtig eingeschätzt werden.

- Es existieren Sicherheitsbedenken gegenüber ICT-Lösungen, insbesondere bei der Datenhaltung im Netz.

- Neue ICT-Technologien sind noch nicht ausreichend ausgereift und weisen „Kinderkrankheiten" auf.

- Die Infrastruktur von Unternehmen ist für ICT-Lösungen nicht ausreichend vorbereitet bzw. ausgestattet.

- Mitarbeiter können durch ICT-Lösungen überfordert oder abgelenkt werden.

Aus diesen Hypothesen wurden anschließend 7 mögliche Investitionshürden abgeleitet, welche je Fokustechnologie sowohl von Nutzern als auch von Nicht-Nutzern hinsichtlich ihrer Bedeutung auf einer Skala von 1 – 5 (1 = geringe Hürde, 5 = sehr hohe Hürde) bewertet wurden.

Hürde 1 Anwendung:
Hier stand die Annahme im Vordergrund, dass die Fokustechnologien noch nicht ausgereift sind und gerade deutsche Unternehmen eher den Markt und die Entwicklung beobachten, bevor eine Investitionsentscheidung für eine Einführung getroffen wird.

Hürde 2 Infrastruktur:
Als weitere Hürde sollte die Sorge von hohen Investitionen in die bestehende Infrastruktur abgefragt werden. Hierbei sollte bewertet werden, ob Unternehmen davon ausgehen, dass erhöhte Investitionen anfallen, welche eine Einführung verhindern.

Hürde 3 Kosten:

Bei der Kostenbetrachtung standen insbesondere die erwarteten laufenden Kosten der Fokustechnologie im Vordergrund. Sollten die erwarteten Kosten bei Nicht-Nutzern oder die tatsächlichen Kosten bei Nutzern zu hoch sein, würde diese Hürde eine Einführung oder eine Ausweitung der Nutzung der Fokustechnologie verhindern.

Hürde 4 Nutzen:

Beim Nutzen standen die erwarteten bzw. erzielten Effekte bei der Einführung einer Fokustechnologie im Vordergrund. Erst bei ausreichendem Nutzen der Lösung würde es Sinn machen, dass das Unternehmen sich intensiv mit der Fokustechnologie auseinander setzt oder eine Investitionsentscheidung trifft.

Hürde 5 Mitarbeiter:

Auch wenn der theoretische Nutzen einer Fokustechnologie groß sein würde, ist es möglich, dass Organisation und Mitarbeiter mit dieser Lösung überfordert sind. Sollten die Mitarbeiter überfordert sein, würde die Lösung nicht die gewünschten Effekte bringen bzw. möglicherweise nicht eingeführt werden.

Hürde 6 Sicherheit:

Insbesondere bei Cloudlösungen, der Datenspeicherung und Verarbeitung außerhalb des Unternehmens, spielen die Sicherheitsbedenken eine erhebliche Rolle und können somit zu einer unüberwindbaren Hürde bei der Einführung oder Ausweitung dieser Fokustechnologie führen.

Hürde 7 Ablenkung: (speziell erhoben für die Fokustechnologie Business Social Media):
Die Sorge, dass die Mitarbeiter durch die Nutzung von Business-Social-Media-Anwendungen abgelenkt sein könnten, wurde gesondert erhoben. Hierdurch würde die Einführung dieser Fokustechnologie sogar einen negativen Einfluss auf das Kerngeschäft haben. Die tatsächlich auftretende Ablenkung oder die Sorge darüber würde eine Einführung bzw. Ausweitung von Business Social Media verhindern.

Im Folgenden soll kurz das methodische Vorgehen der empirischen Erhebung, die Zusammensetzung der Stichprobe und die Auswahl der erhobenen Kennzahlen vorgestellt werden.

3.2 Methodisches Vorgehen und Beschreibung der Unternehmenstypen

Zur Beantwortung der oben aufgeführten Fragestellungen und Bewertung der aufgezeigten Hürden wurde eine Onlinebefragung im Zeitraum von November bis Dezember 2011 durchgeführt. Insgesamt haben 105 Unternehmen der Branchen „Information und Kommunikation" (20%), „Finanzen/Versicherung" (20%), „Baugewerbe" (17,1%), „Handel" (7,6%) und „Sonstige" (35,3%) teilgenommen.

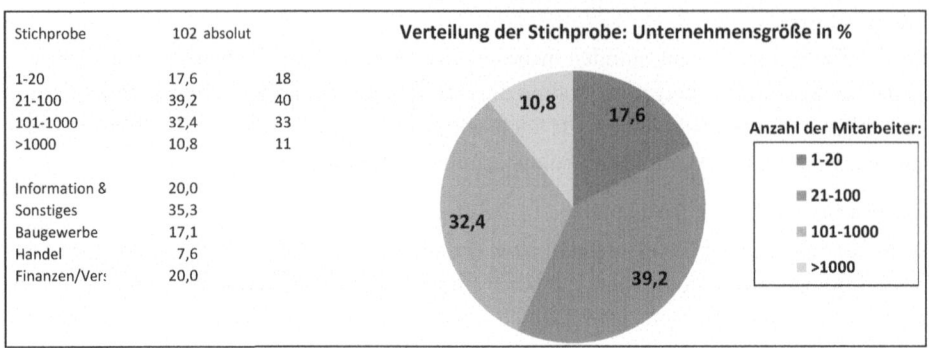

Stichprobe	102 absolut	
1-20	17,6	18
21-100	39,2	40
101-1000	32,4	33
>1000	10,8	11
Information &	20,0	
Sonstiges	35,3	
Baugewerbe	17,1	
Handel	7,6	
Finanzen/Ver:	20,0	

Verteilung der Stichprobe: Unternehmensgröße in %

Anzahl der Mitarbeiter:
■ 1-20
■ 21-100
■ 101-1000
▪ >1000

Abb. 8 Verteilung der Stichprobe nach Branche

Um bei der Analyse der Daten segmentspezifische Aussagen treffen zu können, wurden die befragten Unternehmen zusätzlich nach der Anzahl der Mitarbeiter segmentiert. Wie die folgende Abbildung zeigt, setzte sich der Großteil der Befragten aus Unternehmen mit 21-100 Mitarbeitern zusammen (39,2%). Etwa ein Drittel der Stichprobe beschäftigt 101-1000 Mitarbeiter. Die Unternehmen mit 1-20 Mitarbeitern hatte einen Anteil von 17,6% und jedes zehnte befragte Unternehmen beschäftigt über 1000 Mitarbeiter.

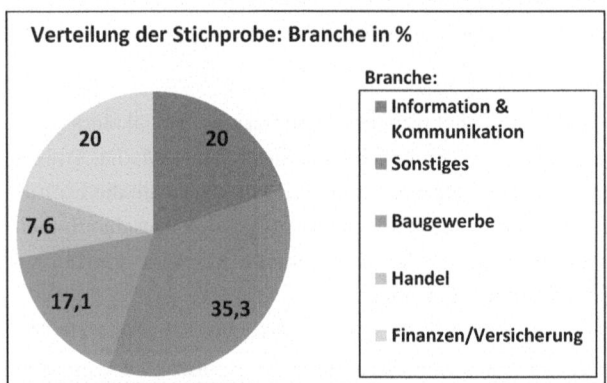

Verteilung der Stichprobe: Branche in %

Branche:
■ Information & Kommunikation
■ Sonstiges
■ Baugewerbe
▪ Handel
▪ Finanzen/Versicherung

Abb. 9 Verteilung der Stichprobe nach Unternehmensgröße

Für eine vergleichbare Bewertung der Fokustechnologien untereinander wurden im Vorfeld Kennzahlen festgelegt, welche im Rahmen der Befragung neben anderen Datenpunkten erhoben wurden. Diese sind:

- Nutzungsintensität,
- relative Wahrnehmungsdifferenz,
- Weiterempfehlungsgrad und
- Hürden-Cluster-Matrix (HCM).

Die **Nutzungsintensität** beschreibt das Verhältnis aus der Bekanntheit einer Fokustechnologie und deren tatsächlicher Nutzung. So kann es sein, dass eine Fokustechnologie nur gering bekannt ist, jedoch die Unternehmen, die sie kennen, diese auch umfassend nutzen. Diese hohe Nutzungsintensität würde für eine Marktakzeptanz bei den informierten Unternehmen sprechen. Sollte die Bekanntheit hoch sein, jedoch die Nutzung gering, so wäre auch die Nutzungsintensität gering und die Marktakzeptanz nicht vorhanden.

Die relative **Wahrnehmungsdifferenz** beschreibt den absoluten Abstand zwischen den Bewertungen der Hürdenintensität zwischen Nicht-Nutzern und Nutzern. Hierbei wurde jede der 7 aufgeführten Hürden für jede Fokustechnologie auf einer Skala von 1-5 (1 geringe Hürde – 5 hohe Hürde) sowohl von Nicht-Nutzern als auch von Nutzern bewertet. Bewertet nun ein Nutzer die Hürde eher als gering, ein Nicht-Nutzer diese eher als hoch, so ergäbe sich eine hohe Wahrnehmungsdifferenz. Dies spräche dafür, dass es sich hierbei eher um eine subjektive (gefühlte) Hürde bei Nicht-Nutzern handelt. Hierbei wird davon ausgegangen, dass Nutzer, welche die Fokustechnologie im Einsatz haben, eine faktenbasierte (objektivere) Bewertung der Technologie durchführen können. Sollte die Wahrnehmungsdifferenz gering sein, so ist davon auszugehen, dass eine objektivere Bewertung dieser Hürde (hohe oder geringe Hürde) im Markt vorliegt.

Der **Weiterempfehlungsgrad** beschreibt die Bereitschaft von nutzenden Unternehmen diese Fokustechnologie weiterzuempfehlen. Hierzu wurde jedes nutzende Unternehmen auf einer Skala von 1-5 befragt, ob es diese Technologie seinen Geschäftspartnern weiterempfehlen würde (1 keine Weiterempfehlungsbereitschaft – 5 sehr hohe Weiterempfehlungsbereitschaft). Hierbei werden die Nutzer, welche keine Weiterempfehlungsbereitschaft zeigen (Skalawert 1) als Opponenten bewertet. Diese Opponenten würden Geschäftspartnern eher abraten, diese Fokustechnologie einzusetzen und wirken deshalb verhindernd auf die breitere Nutzung. Nutzer, welche eine sehr hohe Weiterempfehlungsbereitschaft aufweisen (Skalawert 5), werden als Promotoren bewertet. Die Promotoren empfehlen, möglicherweise sogar pro aktiv, diese Fokustechnologie an Geschäftspartner und fördern damit die breitere Nutzung dieser Technologie. Nutzer, welche weder Opponenten noch Promotoren sind, werden als neutral bewertet (Skalawert von 2-4). Die neutralen Nutzer werden Geschäftspartnern weder von einer Nutzung abraten, noch werden sie die Nutzung positiv unterstützen. Der Weiterempfehlungsgrad ergibt sich als Prozentwert durch den Anteil der Promotoren abzüglich des Anteils der Opponenten und bewegt sich in einem Bereich von +100% bis -100%.

Die **Hürden-Cluster-Matrix (HCM)** beschreibt zum einen den Zusammenhang zwischen der Wahrnehmungsdifferenz (Definition s.o.), welche auf der y-Achse aufgetragen wird. Zum anderen wird an der X-Achse dargestellt, wie stark verschiedene Gründe als Investitionshemmnis (Hürdenintensität) wahrgenommen werden. Die Kombination beider Parameter erlaubt einen präzisen Eindruck über die Stärke von Ablehnungsgründen neuer Technologien in Abhängigkeit von einer realistischen Einschätzung. Es ist davon auszugehen, dass Unternehmen, die die neue Technologien einsetzen, den Nutzen und die Vorbehalte deutlich besser einschätzen können als Unternehmen, die über keine eigenen Erfahrungswerte verfügen.

Durch die Kombination der beiden Parameter Wahrnehmungsdifferenz und Hürdenintensität ergibt sich eine Matrix mit vier Feldern:

1. Bei einer hohen Wahrnehmungsdifferenz zwischen Nutzern und Nicht-Nutzern und einer geringen Hürdenintensität handelt es sich vor allem um gefühlte bzw. subjektive Hürden. Diese Hürden bestehen vor allem in den Vorstellungen der Nicht-Nutzer und basieren auf fehlenden Erfahrungswerten oder fehlenden – mit der Technologie verbundenen – Nutzenerwartungen.

2. Bei einer hohen Wahrnehmungsdifferenz und einer hohen Hürdenintensität existiert eine sehr unterschiedliche Wahrnehmung zwischen Nutzern und Nicht-Nutzern bei sehr relevanten Investitionsvorbehalten.

3. Bei einer geringen Wahrnehmungsdifferenz und geringen Hürdenintensität existieren nur sehr geringe Unterschiede in der Einschätzung zwischen Nutzern und Nicht-Nutzern bei weniger relevanten Investitionshürden. In diesem Fall besteht eine weitgehend homogene Einschätzung über die geringe Bedeutung von Ablehnungsgründen.

4. Unter Berücksichtigung einer hohen Hürdenintensität und einer geringen Wahrnehmungsdifferenz sind sich Nutzer und Nicht-Nutzer einig: es handelt sich um echte Investitionshemmnisse von hoher Relevanz.

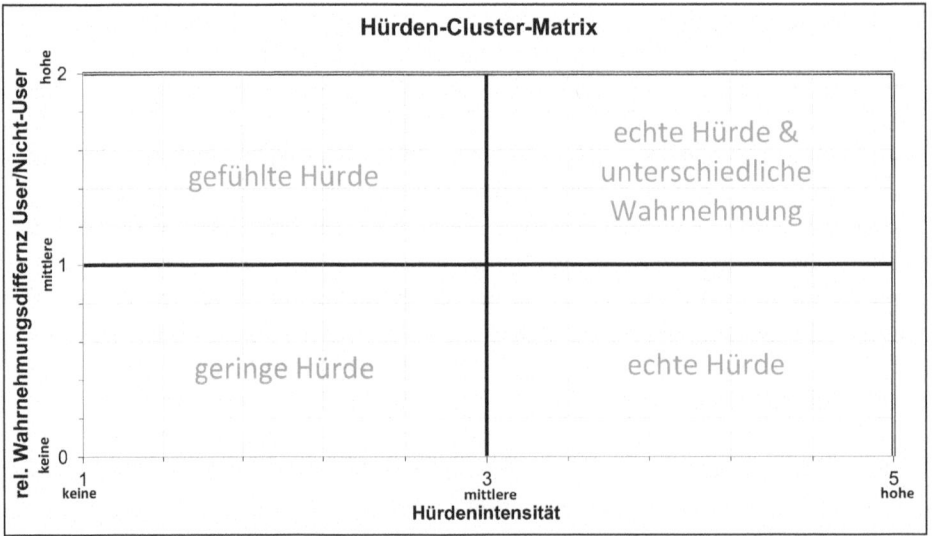

Abb. 10 Darstellung Hürden-Cluster-Matrix (HCM)

3.3   Hürden für die Nutzung von innovativen ICT-Lösungen im Überblick

Die Identifizierung der Hürden erfordert zunächst ein tieferes Verständnis, welche Fokustechnologien derzeit eingesetzt werden und welche Gründe aus Unternehmenssicht für den Einsatz sprechen. Wie bereits im Kapitel 2 hergeleitet werden im Rahmen der Befragung die folgenden vier Fokustechnologien betrachtet:

- Virtualisierung

- Cloud Computing

- Mobilisierung der IT

- Business Social Media

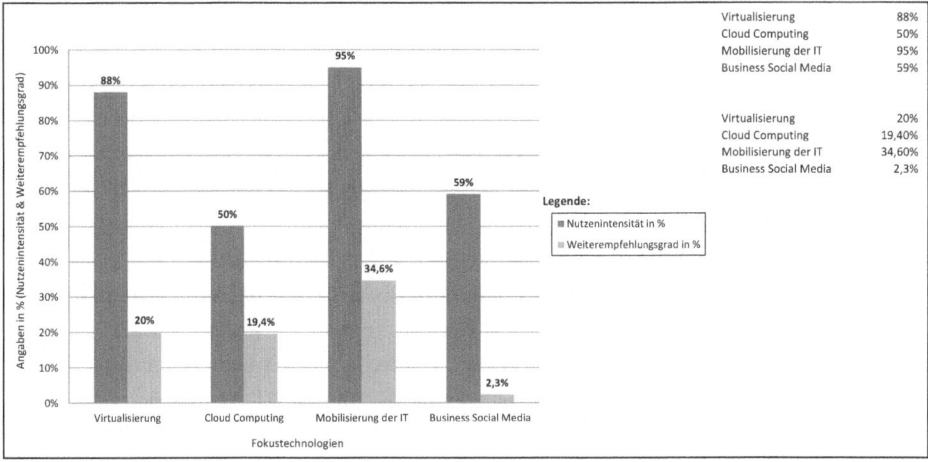

Abb. 11 Übersicht über die Bewertung der Fokustechnologien

Wie in Abb. 11 dargestellt, zeigen die Befragungsergebnisse, dass die Mobilisierung der IT (95%) und die Virtualisierung (88%) von den interviewten Unternehmen am stärksten eingesetzt werden und somit eine sehr hohe Nutzungsintensität aufweisen. Diese hohen Prozentwerte unterstreichen, dass die mobile Bereitstellung von IT-Anwendungen für Mitarbeiter und die bessere Ausnutzung der IT-Ressourcen für viele Unternehmen mittlerweile „Selbstverständlichkeiten" sind. Erstaunlich ist hierbei, dass trotz hoher Nutzungsintensität die Virtualisierung mit nur 49,5% einen eher geringen Bekanntheitsgrad aufweist, wohingegen die Mobilisierung der IT bereits bei 88,6% der Unternehmen bekannt ist. Dies spricht für ein erhebliches Nachholpotential hinsichtlich der Kommunikation von Möglichkeiten der Virtualisierungstechnik durch die jeweiligen Anbieter.

Deutlich niedriger ist die Nutzungsintensität von Business Social Media (59%) und Cloud Computing (50%). Obwohl beide Fokustechnologien bei vielen Unternehmen bekannt sind (Cloud Computing kennen 72,4% der befragten Unternehmen, Business Social Media kennen sogar 85,7% der befragten Unternehmen), werden diese nur im geringen Umfang genutzt.

Aus diesen Werten lässt sich interpretieren, dass Unternehmen noch erhebliche Vorbehalte gegenüber diesen Fokustechnologien haben. Diese können insbesondere daher kommen, dass die Themen stark im Privatkunden Umfeld diskutiert werden. So ist der Begriff Cloud durch Apple mit der I-Cloud oder die deutsche Telekom mit der Telekom-Cloud in der öffentlichen Diskussion. Das Thema Social Media wird sehr stark durch Facebook, XING, Twitter und einige andere Anbieter bestimmt. Hierdurch kann die Meinung bei

Unternehmen entstehen, dass diese Anwendungen nicht für Geschäftskunden geeignet sind. So kommt es bei Cloudlösung häufig zur Fragestellung der Sicherheit und bei Social Media zur Frage, ob Mitarbeiter hierdurch nicht vom eigentlichen Arbeiten abgelenkt werden.

Auch hinsichtlich des Weiterempfehlungsgrades kommt es zu starken Unterschieden zwischen den Fokustechnologien. Den höchsten Weiterempfehlungsgrad erzielte die Fokustechnologie der Mobilisierung der IT mit 34,6%. Da dies eine Technologie mit einer hohen Bekanntheit und hoher Nutzungsintensität ist, spricht dieser hohe Wert für eine breite und hohe Zufriedenheit im Markt hinsichtlich dieses Lösungsangebots. Virtualisierung und Cloud Computing weisen hier einen deutlich geringeren Weiterempfehlungsgrad mit 20% bzw. 19,4% auf. Die mehr als 40% geringere Zufriedenheit deutet auf ein deutliches Verbesserungspotential dieser Technologien für den Nutzer hin. Bemerkenswert ist die Fokustechnologie Business Social Media: mit einem Weiterempfehlungsgrad von lediglich 2,3% scheinen die Nutzer eine nur sehr geringe Weiterempfehlungsbereitschaft zu besitzen. Dies erschwert auch eine stärkere Durchdringung des Marktes mit dieser Art von Lösungen.

Vertiefend zur Nutzung und Weiterempfehlungsbereitschaft der verschiedenen Technologien wurden die Gründe bzw. Haupttreiber für die Nutzung hinterfragt. Die folgende Abbildung zeigt, dass vor allem ein Kriterium im Mittelpunkt steht: die Steigerung der Flexibilität. Der Flexibilitätsgewinn ist dabei über alle abgefragten Technologien – Virtualisierung, Cloud Computing, Mobilisierung der IT und Business Social Media – von besonders hoher Bedeutung. Haupttreiber für die Einsparung von Kosten lassen sich insbesondere bei der Virtualisierung feststellen. Darüber hinaus lässt sich feststellen, dass neben der Steigerung der Flexibilität die Steigerung der Produktivität bei der Mobilisierung der IT ein zentrales Motiv für die Nutzung ist. Auffällig ist ebenfalls, dass für die Nutzung von Business Social Media die Steigerung der Wettbewerbsfähigkeit ein wichtiges Kriterium darstellt. Im Umkehrschluss lässt sich daraus ableiten, dass eine Nicht-Nutzung von Business Social Media ganz offensichtlich zu einem Wettbewerbsnachteil führen würde. Teilweise verfügen Unternehmen im Punkt Business Social Media noch über geringe Erfahrungswerte; dennoch haben sie offensichtlich das Gefühl etwas zu verpassen, wenn sie sich nicht mit diesem Thema aktiv auseinandersetzen.

Haupttreiber der Nutzung:	Virtualisierung	Cloud Computing	Mobilisierung der IT	Business Social Media
Steigerung der Flexibilität	89%	79%	97%	76%
Verbesserung der Wettbewerbsfähigkeit	28%	66%	57%	76%
Steigerung der Produktivität	59%	63%	80%	50%
Einsparung von Kosten	89%	68%	44%	48%

Anzahl der Nennungen in % derer, die die Fokustechnologien nutzen

Abb. 12 Haupttreiber für die Nutzung von Virtualisierung, Cloud Computing, Mobilisierung der IT und Business Social Media

Insgesamt scheinen sich die vier ausgewählten Fokustechnologien im ICT-Markt sehr stark hinsichtlich der Marktakzeptanz und der Markterwartung zu unterscheiden. Auch hinsichtlich des technologischen Lebenszyklus müssen diese Technologien unterschiedlich betrachtet werden.

So ist die Mobilisierung der IT bereits voll etabliert. Diese Technologie ist bei vielen Unternehmen bekannt und wird auch bereits eingesetzt. Die Zufriedenheit mit der zur Verfügung gestellten Lösung ist hoch und neben der Steigerung der Flexibilität führt diese Technologie zu einer Steigerung der Produktivität der Unternehmen.

Die Virtualisierung ist bei nur 49,5% der Unternehmen bekannt. Die Unternehmen, welche die Technologie kennen, setzen sie auch ein, wodurch sich der hohe Nutzungsgrad von 88% ergibt. Die Zufriedenheit ist mit 20% Weiterempfehlungsgrad deutliche geringer als bei der Mobilisierung der IT. Neben der Steigerung der Flexibilität steht bei Virtualisierung vor allem die Einsparung von Kosten im Vordergrund.

Cloud Computing weist zwar eine sehr hohe Bekanntheit auf, wird aber deutlich geringer genutzt, wodurch es zu einem Nutzungsgrad von lediglich 50% kommt. Auch die Zufriedenheit scheint verbesserungsfähig, da auch hier der Weiterempfehlungsgrad bei lediglich 19,4 % liegt. Neben der Flexibilisierung lässt sich kein weiterer zentraler Nutzen erkennen.

Business Social Media weist neben der Mobilisierung der IT den höchsten Bekanntheitsgrad mit 85,7% auf, was möglicherweise an der hohen Popularität von Facebook auf der Privatkundenseite liegt. Die Nutzung ist mit einer Nutzungsintensität von 59% eher gering. Auffallend ist der sehr niedrige Weiterempfehlungsgrad von 2,3%, welcher darauf hindeutet, dass die Nutzer aktuell noch nicht den möglichen Mehrwert, welchen diese Technologie leisten könnte, erkennen.

Da diese Fokustechnologien unterschiedliche Merkmale aufweisen, werden diese im Folgenden nochmals detaillierter analysiert.

3.3.1 Hürden bei der Nutzung von Virtualisierung

Bei der Virtualisierung gibt es, wie im Kapitel 3 vorgestellt, zwei wesentliche Nutzungsszenarien, die Server-Virtualisierung und die Desktop-Virtualisierung. Die Befragung ergab, dass Server-Virtualisierung mit 89% der nutzenden Unternehmen die klar dominierende Nutzungsvariante ist. Desktop-Virtualisierung wird lediglich von 39% der nutzenden Unternehmen eingesetzt. Somit ist davon auszugehen, dass der Fokus dieser Ergebnisse insbesondere für das Thema Server-Virtualisierung relevant ist.

Betrachtet man die Kenngrößen Bekanntheit, Nutzungsintensität, relative Wahrnehmungsdifferenz und Weiterempfehlungsgrad und vergleicht ihn mit dem Durchschnitt aller vier Fokustechnologien so ergibt sich ein klares Bild für diese Technologie (siehe Abb. 13).

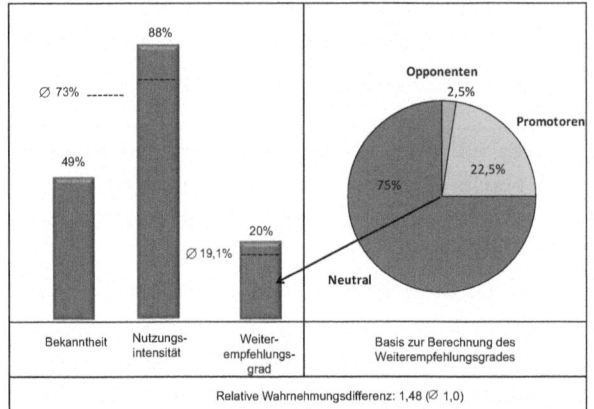

Abb. 13 Kennzahlenübersicht zur Fokustechnologie Virtualisierung

So ist Virtualisierung nur bei 49% der befragten Unternehmen bekannt, wohingegen der Durschnitt aller Fokustechnologien mit 74,1% deutlich höher liegt. Die Unternehmen, welche die Technologie kennen, setzen diese aber auch überwiegend ein, wodurch sich der hohe Nutzungsgrad von 88% (73% im Durchschnitt über alle Fokustechnologien) ergibt. Besonders auffallend ist die hohe relative Wahrnehmungsdifferenz, welche mit 1,48 Punkten deutlich über dem Durchschnitt von 1 Punkt über alle Fokustechnologien liegt. Dies deutet darauf hin, dass ein Großteil der Vorbehalte und Hürden gegenüber dieser Technologie subjektiv sind und nicht von nutzenden Unternehmen bestätigt werden. Hier besteht definitiv Aufklärungsbedarf bei deutschen Unternehmen, um die Penetration dieser Technologie bei Unternehmen zu steigern.

Obwohl der Weiterempfehlungsgrad bei der Virtualisierung mit 20% ungefähr auf dem Durschnitt der vier Fokustechnologien liegt (19,1%), scheint es hier ein großes Potential zu geben. Lediglich 2,5% der nutzenden Unternehmen sind „Opponent" dieser Lösung und würden anderen Unternehmen abraten, Virtualisierung einzuführen. Auffallend ist der große Anteil (75%) von neutralen Nutzern. Dies kann ein Indikator dafür sein, dass die erwarteten Effekte nicht im vollen Umfang realisiert werden konnten. Da es sich bei Virtualisierung um eine Technologie zur Kosteneinsparung handelt, ist anzunehmen, dass die erwarteten Einsparziele nicht vollständig erreicht werden. Hier gilt es ein klares Erwartungsmanagement bei der Einführung von Virtualisierung im Vorfeld durchzuführen. Mit 22,5% von echten Promotoren gibt es eine breite Basis von begeisterten Nutzern.

In den segmentspezifischen Analysen nach Unternehmensgröße fällt auf, dass es deutliche Unterschiede in der Nutzung gibt. So unterscheidet sich die Nutzung bei kleineren Unternehmen mit 1-20 und 21-100 Mitarbeitern deutlich von einer Nutzung größerer Unternehmen. Bei größeren Unternehmen gilt: Jedes zweite von drei Unternehmen mit mehr als 1000 Mitarbeitern nutzt Virtualisierung bzw. jedes zweite bei Unternehmen mit 101-1000 Mitarbeitern. Bei den kleineren Unternehmen sind dies nur 29% (1-20 Mitarbeiter) bzw. 44% (21-100 Mitarbeiter).

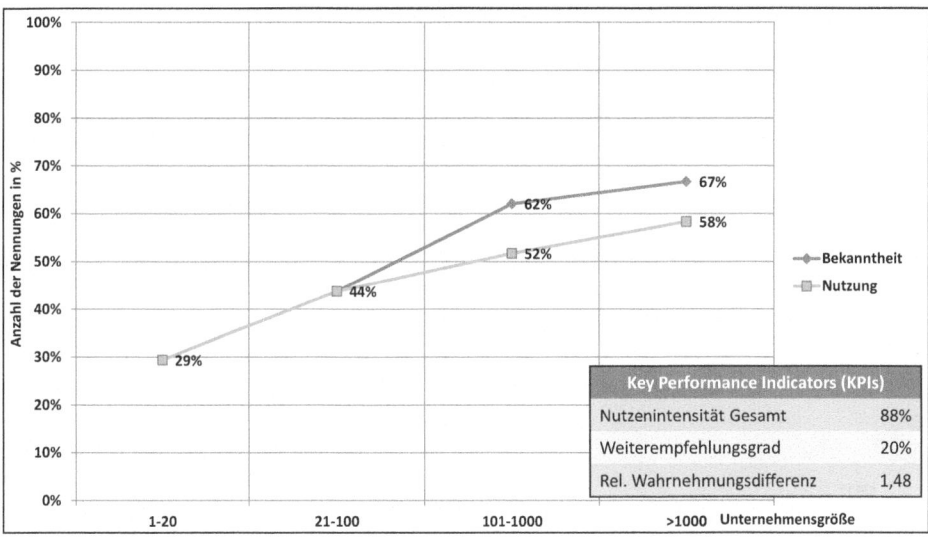

Abb. 14 Virtualisierung nach Unternehmensgröße

Es ist davon auszugehen, dass von Unternehmen mit keinem, einem oder einer geringen Anzahl von Servern die Vorteile dieser Technologie nicht erkannt werden. Definitiv
Handlungsbedarf besteht aber im klassischen Mittelstandssegment (21-100 Mitarbeiter).
Hier ist die Technologie nur unzureichend bekannt – falls sie jedoch bekannt ist, wird sie
auch eingesetzt. Gerade in diesem Zielsegment existiert Potential zum intensiveren Einsatz
von Virtualisierung.

In Bezug auf die einzelnen Hürden ergibt sich für Virtualisierung ein relativ konsis-
tentes Bild. Es lassen sich keine echten Investitionsbarrieren, sondern eher subjektive Barrieren feststellen. Verschiedene Vorbehalte gegen die Virtualisierung, wie Überlegungen
im Punkt Nutzen, Mitarbeiter, Sicherheit, Kosten und Infrastruktur, werden grundsätzlich
sehr ähnlich wahrgenommen. Es gibt nahezu keine Unterschiede zwischen den einzelnen Kriterien im Punkt Hürdenintensität. Alle genannten Punkte werden weitgehend mit
mittlerer Hürdenintensität eingeschätzt. Allerdings existieren größere Unterschiede bei
der Einschätzung der Barrieren zwischen Nutzern und Nicht-Nutzern der Technologie.
Bei den beiden Punkten Nutzen und Mitarbeiter ist die Diskrepanz zwischen der Einschätzung der User und Nicht-User am deutlichsten. Bezogen auf den Nutzen lässt sich daraus
schließen, dass der Nutzen der Lösung bei den Unternehmen, die Virtualisierung noch
nicht einsetzen, noch nicht angekommen ist.

Es besteht erkennbarer Bedarf, dass diese Hürden durch die Anbieter von Virtualisierungslösungen durch konsequente Marktkommunikation und Aufklärung der potentiellen Kunden ausgeräumt werden sollten.

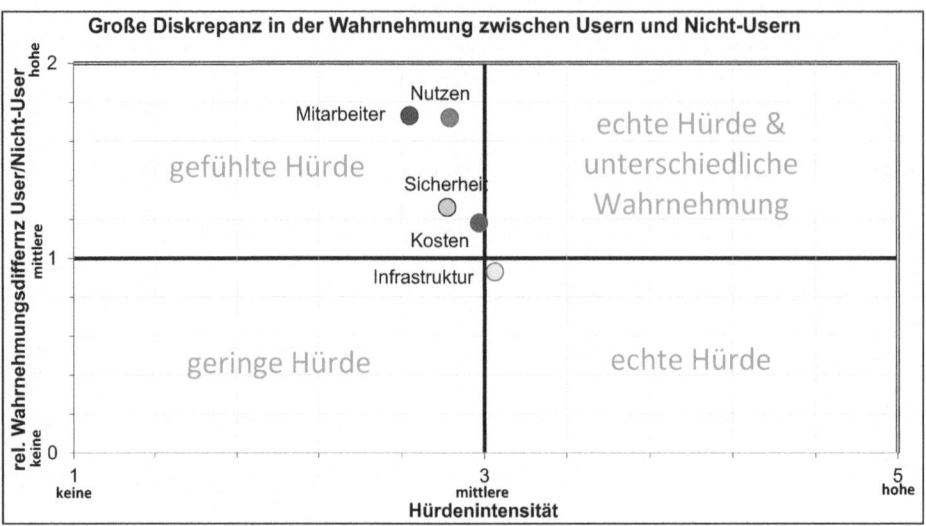

Abb. 15 Kategorisierung ICT-Hürden für Virtualisierung

3.3.2 Hürden bei der Nutzung von Cloudlösungen

Auch bei dem Thema Cloud Computing wurden unterschiedliche Nutzungsszenarien abgefragt. Hierbei wurde zwischen Software as a Service (SaaS) und Infrastructure as a Service (IaaS) unterschieden. Bei den befragten Nutzern dominiert das Anwendungsszenario SaaS, welches von 89% der Nutzer eingesetzt wird. Lediglich 39% nutzen IaaS, wobei ein großer Anteil von 28% beide Technologievarianten einsetzt. Dieser Ansatzes des gesamten Transfers von ICT-Leistungen in die Cloud wird sich in Zukunft verstärken: Unternehmen übertragen erst einfache Anwendungen in die Cloud, anschließend folgen Schritt für Schritt komplette Anwendungen. Bei Cloud Computing ist davon auszugehen, dass der Fokus der Nutzung auf Software as a Service liegt.

Betrachtet man die Art der Leistungen, welche aus der Cloud bezogen werden (Abb. 16), ist auffallend, dass bei SaaS insbesondere einfache Softwarekomponenten mit geringer Vernetzung zu anderen Anwendungen in die Cloud gegeben werden.

Gerade die Standartapplikationen wie E-Mail oder Office IT werden häufig aus der Cloud bezogen (76,5%), ebenso das Customer Relationship Management mit 61,8%. Beide Anwendungstypen sind nicht eng mit den eigentlichen Kernprozessen der Unternehmung verbunden und werden deshalb eher in die Cloud übertragen. Bei Enterprise-Ressource-Planing-Lösungen besitzen Unternehmen noch erkennbare Vorbehalte diese Lösungen aus der Cloud zu beziehen. Es ist davon auszugehen, dass ERP-Lösungen stärker auf die unternehmensspezifischen Belange zugeschnitten werden und deshalb zunächst nicht in die Cloud transferiert werden.

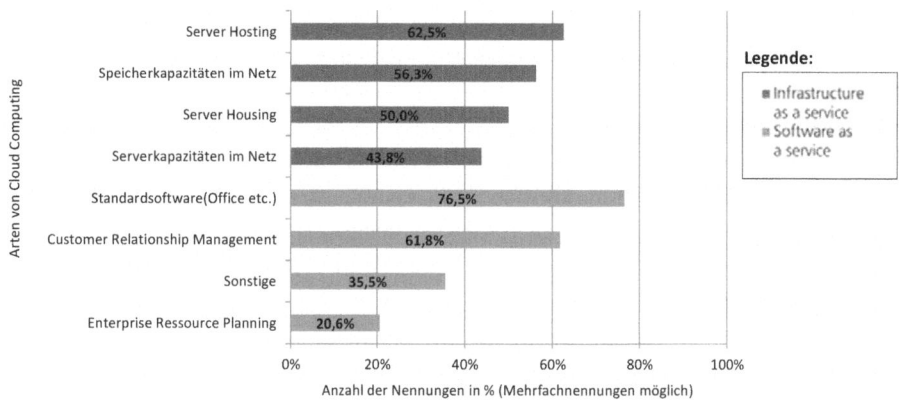

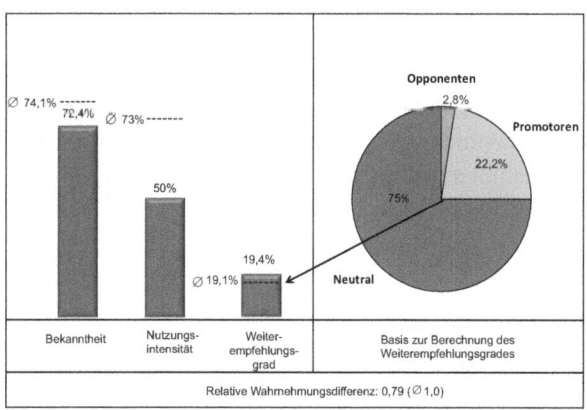

Abb. 16 Arten von Cloud Computing

Betrachtet man für Cloud Computing die Kenngrößen Bekanntheit, Nutzungsintensität, relative Wahrnehmungsdifferenz und Weiterempfehlungsgrad und vergleicht ihn mit dem Durchschnitt aller vier Fokustechnologien, lassen sich klare Tendenzen erkennen (siehe Abb. 17)

Abb. 17 Kennzahlenübersicht zur Fokustechnologie Cloud Computing

So ist Cloud Computing bei einer Vielzahl der befragten Unternehmen bekannt (72,4%) und lieg damit auf dem Durchschnitt der vier Fokustechnologien. Lediglich 50% der Unternehmen – die diese Technologie kennen – setzen sie ein. Damit liegt Cloud Computing deutlich unter dem Durchschnitt der Fokustechnologien, welche einen Nutzungsgrad von 73% aufweisen. Hier scheint es noch erhebliches Verbesserungspotential zu geben, eine stärkere Nutzung im Markt zu erzielen. Die relative Wahrnehmungsdifferenz liegt mit 0,79 Punkten deutlich unter dem Durchschnitt der Fokustechnologien, was darauf hindeutet, dass Nutzer und Nicht-Nutzer die Hürden ähnlich einschätzen. Das deutet darauf hin, dass konkrete Verbesserungen an den zur Verfügung stehenden Lösungen erarbeitet werden müssen. Eine reine Verstärkung der Nutzenkommunikation seitens der Anbieter ist in diesem Fall nicht ausreichend.

Ähnlich wie bei der Virtualisierung liegt der Weiterempfehlungsgrad bei der Cloud Computing mit 19,4% ungefähr auf dem Durschnitt der vier Fokustechnologien (19,1%). Auch hier scheint es noch erhebliches Potential zu geben. Lediglich 2,8% der nutzenden Unternehmen sind Opponent dieser Lösung und würden anderen Unternehmen abraten, Cloud Computing einzuführen. Auffallend ist auch hier der große Anteil (75%) von neutralen Nutzern. Dies ist ein Indikator dafür, dass die Lösung entweder nicht gewünschte Effekte brachte oder es Probleme bei der Implementierung gab. Mit 22,2% von echten Promotoren gibt es aber auch eine breite Basis von wirklich begeisterten Nutzern. Diese sollten bei einem so geringen Nutzungsgrad animiert werden, als Referenzkunden positiv in ihrem Marktumfeld zu wirken.

Eine Untersuchung über die Unternehmensgröße macht deutlich, dass Cloud Computing über alle untersuchten Unternehmenskategorien über eine große Bekanntheit verfügt. Die Nutzung liegt bei Unternehmen mit 21-100 Mitarbeitern über dem Durchschnitt. Es ist zu vermuten, dass Unternehmen dieser Größe die Vorteile der Flexibilität besonders zu schätzen wissen und Cloud Lösungen entsprechend häufiger einsetzen. Des Weiteren erhalten gerade diese Unternehmen Zugang zu Lösungen, welche in der Vergangenheit eher den großen Unternehmen zur Verfügung standen.

Auffallend ist jedoch, dass genau in dem Segment, bei dem Nutzungsintensität am höchsten ist, die Bekanntheit am geringsten ausfällt. Hier sollten segmentspezifische Aktionen durch die Anbieter von Cloudlösungen in Erwägung gezogen werden, um dieses Zielsegment konsequenter für Cloudlösungen zu begeistern.

Bei der Untersuchung von Virtualisierung und Cloud Computing wurde weiterhin erkennbar, dass nach wie vor viele Unternehmen beide Konzepte inhaltlich verwechseln. Ferner assoziieren gerade kleine Unternehmen häufig Cloud Computing fälschlicherweise mit Angeboten, die sich primär an Privatnutzer richten. Auch hierin besteht eine Chance, Cloud Computing als Alternative oder als Ersatzlösung von Virtualisierung für kleinere Unternehmen zu positionieren.

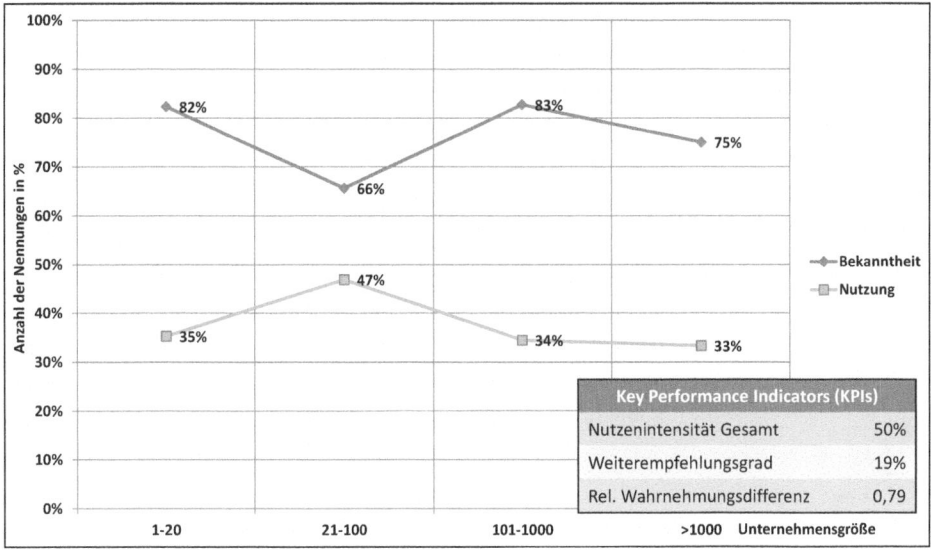

Abb. 18 Cloud Computing nach Unternehmensgröße

Hinsichtlich der Hürden-Cluster-Matrix (HCM) ergibt sich jedoch ein gänzlich anderes Bild bei den Investitionsvorbehalten von Unternehmen von Cloud Computing im Vergleich zur Virtualisierung. Als echte Investitionsbarriere lassen sich Sicherheitsbedenken identifizieren. Diese Ansicht wird von Nutzern und Nicht-Nutzern geteilt, was durch die geringe relative Wahrnehmungsdifferenz zu erkennen ist.

Sicherheitsbedenken sind offensichtlich ein Kernvorbehalt von Lösungen, die auf eine Speicherung von Daten im Netz abzielen. Unternehmen hinterfragen die Sicherheit der Cloud Lösung und vergleichen diese mit den eigenen internen Sicherheitsvorkehrungen. Darüber hinaus wird häufig hinterfragt, wo geografisch die Server von Cloud-Lösungen aufgestellt sind. Nach Angaben eines ICT-Lösungsanbieters akzeptieren Unternehmen leichter CloudLösungen, die sich sowohl in dem nationalen Gebiet als auch in einem Umkreis von 200 km um den Unternehmensstandort befinden.

Eine mittlere Wahrnehmungsdifferenz zeigt sich bei den drei Punkten Nutzen, Infrastruktur und Mitarbeiter. Damit zeigt sich, dass insbesondere die Diskussion über Nutzen, die notwendigen technischen und mitarbeiterspezifischen Voraussetzungen von Cloud-Lösungen bei den Nicht-Nutzern noch nicht abgeschlossen ist. An dieser Stelle besteht offensichtlich noch Informationsbedarf. Eine ähnliche Einschätzung zeigt sich bei Kosten und Anwendung. Beide Aspekte werden nicht als große Investitionsbarriere wahrgenommen und von Nutzern und Nicht-Nutzern grundsätzlich ähnlich realistisch bewertet.

Abb. 19 Kategorisierung ICT-Hürden für Cloud Computing

Die beiden kritischen Hürden der Sicherheit und der Ausgereiftheit der Anwendungen sollten durch die Anbieter nochmals stärker angegangen werden. Hier besteht die Möglichkeit durch eine Verbesserung der Leistungsfähigkeit und einen Nachweis der Sicherheitsvorkehrungen eine breitere Basis von Unternehmen zu Promotoren zu machen bzw. sie überhaupt zu erreichen.

3.3.3 Hürden bei der Nutzung von Mobilisierung der IT

Betrachtet man für die Mobilisierung der IT die Kenngrößen Bekanntheit, Nutzungsintensität, relative Wahrnehmungsdifferenz und Weiterempfehlungsgrad und vergleicht ihn mit dem Durchschnitt aller vier Fokustechnologien so sticht diese Technologie klar heraus (siehe Abb. 20).

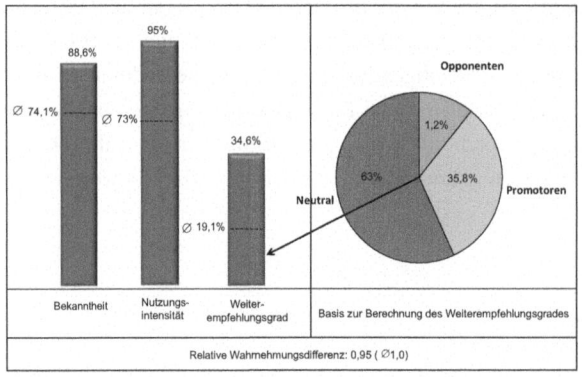

Abb. 20 Kennzahlenübersicht zur Fokustechnologie Mobilisierung der IT

Die Mobilisierung der IT ist die bekannteste der 4 Fokustechnologien und erreicht einen Bekanntheitsgrad von 88,6%. Hiermit liegt sie deutlich über dem Durchschnitt von 72,4%.

Auch die Nutzungsintensität von 95% liegt deutlich über dem Durchschnitt von 73%. Dies zeigt, dass die Mobilisierung der IT mittlerweile zu den Standards in deutschen Unternehmen gehört und von quasi allen Unternehmen bereits eingesetzt wird.

Auch der Weiterempfehlungsgrad erzielt mit 34,6 Punkten den Höchstwert aller vier Fokustechnologien. Besonders auffallend ist der extrem geringe Anteil von Opponenten mit 1,2% der Nutzer. Dies lässt darauf schließen, dass es fast keinen wirklich enttäuschten Nutzer dieser Technologie gibt. Ähnlich wie bei den anderen Fokustechnologien ist der Anteil der neutralen Nutzer mit 63% recht hoch. Hier könnte nochmals angesetzt werden eine größere Anzahl von Nutzern zu tatsächlichen Promotoren zu machen.

Mit 35,8% von echten Promotoren gibt es aber auch eine breite Basis von wirklich begeisterten Nutzern. Auch in diesem Kriterium ist die Technologie den anderen deutlich überlegen. Dieser Spitzenwert sollte umfassend bei der Marktkommunikation genutzt werden, um weitere neutrale Nutzer zu Promotoren zu entwickeln.

Die Auswertung nach Unternehmensgrößen hinsichtlich der Kriterien Bekanntheit und Nutzung ergibt ein sehr geschlossenes Bild. Über alle vier ausgewerteten Unternehmensgrößen hinweg zeigen sich sowohl eine hohe Bekanntheit der Lösung als auch eine hohe Nutzung. Lediglich Unternehmen die über 21-100 Mitarbeiter verfügen, setzen die Mobilisierung der IT etwas weniger ein.

Hier scheint es zusätzliches Marktpotential dieser Fokustechnologie zu geben. Gerade für den klassischen Mittelstand könnten hier weitere Potentiale zur Steigerung der Produktivität erschlossen werden. Die größeren Marktsegmente sind hinsichtlich dieser Technologie nochmals stärker erschlossen.

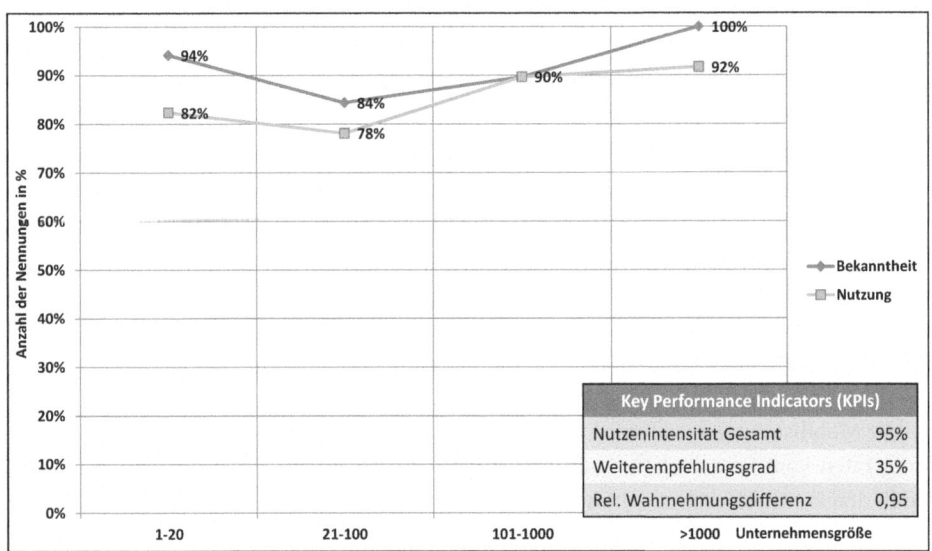

Abb. 21 Mobilisierung der IT nach Unternehmensgröße

Betrachtet man die Hürden-Cluster-Matrix (HCM) für die Mobilisierung der IT, zeigen sich bei der Kategorisierung der ICT-Hürden drei Gruppen. In der ersten Gruppe – die den Nutzen betrifft – wird deutlich, dass es sich primär um eine subjektive Hürde handelt. Der Nutzen der Mobilisierung der IT wird von Nicht-Nutzern nicht erkannt oder gegebenenfalls falsch eingeschätzt.

Hier könnte der Hauptansatzpunkt zu einer weiteren Akzeptanz dieser Technologie im Markt liegen. Es sollte in der Marktkommunikation stärker auf den Nutzen dieser Lösung für die Steigerung der Produktivität abgehoben werden, um die aktuellen Nicht-Nutzer von einem Piloteinsatz zu überzeugen. Bei einer Betrachtung der aktuellen Aktivitäten im Markt, scheint das Thema Preis und Kosten eine zu stark übergeordnete Rolle einzunehmen. Hier sollten die Telekommunikationsanbieter ihre Vertriebs- und Kommunikationsstrategien nochmals überprüfen und die Nutzenkommunikation anpassen.

Die zweite Gruppe betrifft die Kriterien Anwendung und Mitarbeiter: beide Punkte werden als relativ geringe Investitionsbarrieren wahrgenommen und lassen sich durch eine mittlere Wahrnehmungsdifferenz kennzeichnen. Die dritte Gruppe bezieht sich auf die Kriterien Infrastruktur, Sicherheit und Kosten. Diese werden sehr homogen als mittlere Investitionshürde bei geringerer Wahrnehmungsdifferenz bewertet. Zusammenfassend lässt sich bei der Mobilisierung der IT feststellen, dass vor allem die Kommunikation des Nutzens an Nicht-Nutzer eine Herausforderung für die Anbieter darstellt.

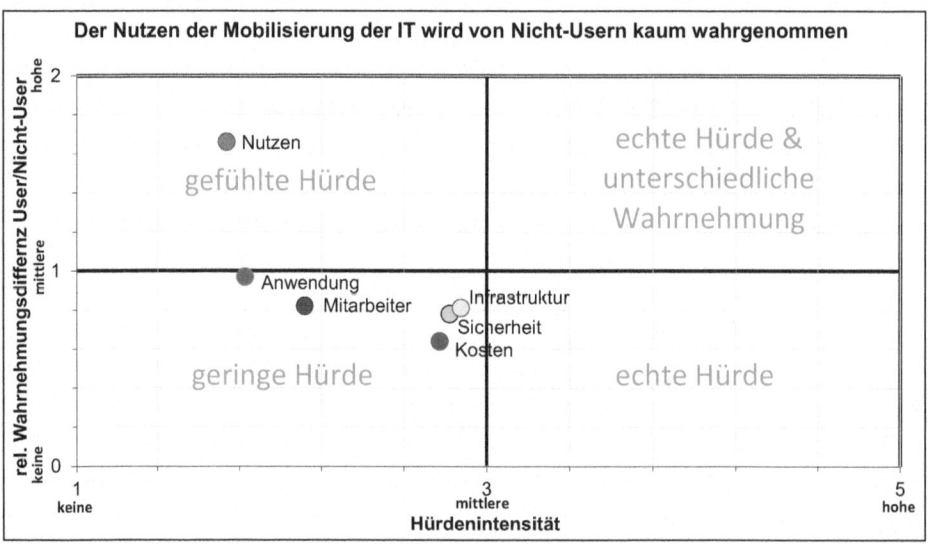

Abb. 22 Kategorisierung ICT-Hürden für Mobilisierung der IT

Die Mobilisierung der IT wird vor allem durch den Hardwarewechsel bei den mobilen Endgeräten vom Sprachtelefon zum Smartphone beschleunigt. Das Smartphone erlaubt durch den kontinuierlichen Onlinezugang eine relativ einfache Ausdehnung von Anwendungen in den mobilen Bereich. Eine zusätzliche Beschleunigung findet durch die hohe Akzeptanz von Tablet PCs statt. Beide Gerätekategorien (Smartphones und Tablet PCs) greifen die primäre geschäftliche Nutzungssituation auf, Information vor Ort schnell und einfach verfügbar zu machen und damit eine optimale Entscheidungsbasis für viele geschäftliche Vorgänge zu schaffen. Es ist ohne Zweifel davon auszugehen, dass die Mobilisierung der IT durch die Substitution der traditionellen sprachbasierten Mobilfunkendgeräte zum Marktstandard wird.

3.3.4 Hürden bei der Nutzung von Business Social Media

Bei der Fokustechnologie Business Social Media gibt es für Unternehmen unterschiedliche Anwendungsszenarien. So kann eine Nutzung von der Unternehmenspräsenz auf Facebook oder anderen Social Media Plattformen, bis zu einer Einführung einer Business Social Media Plattform für die Optimierung der internen Kommunikation reichen.

Bei Abfrage nach den Einsatzgebieten von Business Social Media in den nutzenden Unternehmen, ergab sich das in Abb. 23 gezeigte Bild.

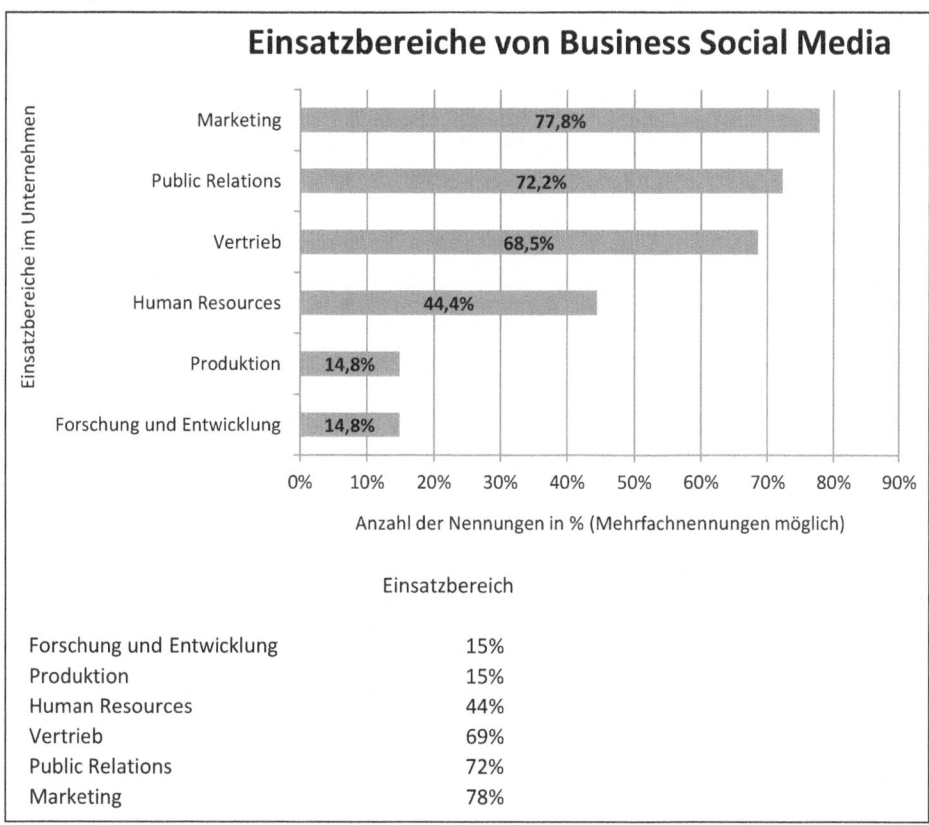

Abb. 23 Einsatzbereiche von Business Social Media bei den befragten Unternehmen

Auffallend ist, dass insbesondere die zum Kunden orientierten Unternehmensbereiche wie Marketing, Public Relations und Vertrieb diese Fokustechnologie einsetzen. Im Mittelpunkt steht dabei die Sichtbarkeit bzw. Präsenz des Unternehmens „nach außen". Bei den Human Resources könnte insbesondere die Recruiting-Abteilung Nutzer sein, welche über Xing neue Bewerber sucht oder auf Facebook neue Bewerber überprüft. Die intern wissensbasierten Bereiche wie Produktion, Forschung und Entwicklung spielen aktuell eine eher untergeordnete Rolle. Die Optimierung der internen Kommunikationsprozesse durch eine Business-Social-Media-Plattform mit Blogs, Mitarbeiterprofilen und Bereichen zu gruppenorientierter Zusammenarbeit scheint demnach noch eine geringere Bedeutung zu haben.

Insgesamt besteht die Gefahr, dass deutsche Unternehmen die Möglichkeit von Business Social Media nur auf einen Teilbereich, nämlich die Präsenz auf Facebook, begrenzen. Leider werden auf diese Weise die Möglichkeiten, die diese Technologie liefert, nur im geringen Maße ausgeschöpft.

Werden für Business Social Media die Kenngrößen Bekanntheit, Nutzungsintensität, relative Wahrnehmungsdifferenz und Weiterempfehlungsgrad betrachtet, ergibt sich ein sehr spezielles Bild für diese Technologie (siehe Abb. 24).

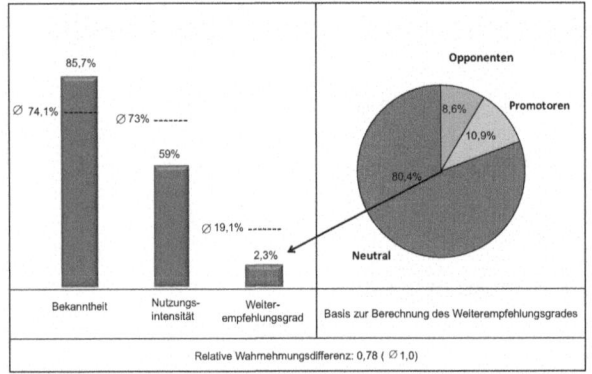 

Abb. 24 Kennzahlenübersicht zur Fokustechnologie Business Social Media

So ist die Bekanntheit dieser Fokustechnologie mit 85,7% sehr hoch und deutlich über dem Durchschnitt von 74,1%. Sie liegt beinahe ebenso hoch wie die der Mobilisierung der IT (88,6%), welche bereits vollständig im Markt etabliert ist. Die Nutzungsintensität ist jedoch mit 59% äußerst gering und liegt deutlich unter dem Durchschnitt von 73%. Hier erzielt diese Technologie ähnliche Werte wie das Cloud Computing. Dies deutet darauf hin, dass Unternehmen diese Technologie für sich selbst als nicht relevant einstufen und sich deshalb möglicherweise nur oberflächlich mit den Möglichkeiten und Alternativen, welche diese Technologie bietet, auseinandersetzen.

Die sehr geringe relative Wahrnehmungsdifferenz von 0,78 Punkten ist die niedrigste aller 4 Fokustechnologien und zeigt, dass die Hürden von Nutzern und Nicht-Nutzern ähnlich eingeschätzt werden.

Besonders gravierend ist der Weiterempfehlungsgrad, der mit 2,3% deutlich unter dem Durchschnitt der 4 Fokustechnologien mit 19,1% liegt. Hierbei sticht besonders der sehr hohe Anteil von Opponenten mit 8,6% der Nutzer heraus. Damit raten knapp 10% der Nutzer ihren Geschäftspartnern ab, sich mit dieser Technologie auseinanderzusetzen!

Dem gegenüber stehen lediglich 10,9% Promotoren. Auch diese Zahl ist erheblich kleiner als bei allen anderen Fokustechnologien. Hieraus ergibt sich die Tatsache, dass sich die Promotoren und Opponenten quasi aufheben und hierdurch eine stärkere Nutzung von Business Social Media verhindert wird. Auffallend hoch ist auch die Anzahl der neutralen Nutzer. Mit 80,4% neutralen Nutzern sind sich viele Befragte über die Vorteile im Unklaren. Hier besteht erheblicher Aufklärungsbedarf seitens der Anbieter, um diese Technologie auf breiter Basis bei deutschen Unternehmen nach vorne zu bringen.

Auffällig ist bei der Darstellung der Unternehmensgröße, dass die größeren Unternehmen mit mehr als 1000 Mitarbeitern die geringste Nutzung von Business Social Media aufweisen. Es ist zu vermuten, dass die Abstimmungsprozesse unternehmensintern größer sind und das Risiko des Einsatzes subjektiv als etwas höher empfunden wird. Obwohl gerade bei diesen Unternehmen der Einsatz einer Business-Social-Media-Plattform zu Optimierung der internen Kommunikationsprozesse aufgrund der Komplexität der Organisation den höchsten Wertbeitrag liefern könnte, nutzen nur 33% der Unternehmen in diesem Segment diese Lösung.

Bei den anderen Unternehmen beträgt die Nutzungsintensität ca. 50% und ist sehr homogen über alle anderen Größenkategorien.

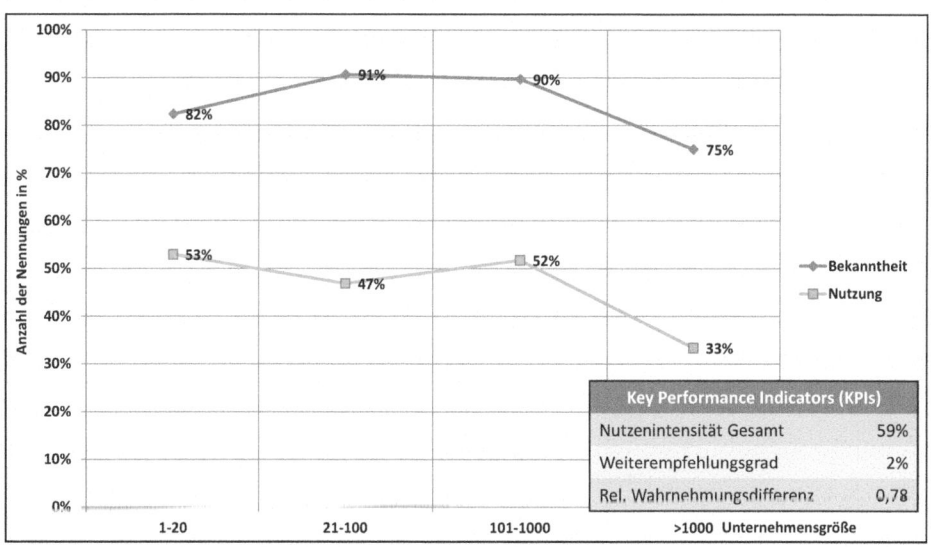

Abb. 25 Business Social Media nach Unternehmensgröße

Weiterführende Gespräche mit Unternehmen zeigen, dass die intensive Nutzung von Business Social Media das Ergebnis eines mittelfristigen Veränderungsprozesses ist. Bestehende und gelernte Kommunikationsstrukturen lassen sich nicht kurzfristig im Unternehmen umstellen. Vielmehr sind ein hohes Maß an Beharrlichkeit und ein kontinuierlicher Überzeugungsaufwand notwendig, um neue Kommunikationsmechanismen zu etablieren. Mitarbeitern fällt die Umstellung häufig deshalb schwer, weil sich der Informationsfluss von einem Bring- zu einem Holmechanismus verändert. Mitarbeiter sind bei Umsetzung von Business Social Media angehalten, relevante Informationen weitgehend selbstständig abzurufen. Der Vorteil ist dabei die stärkere Fokussierung auf die relevanten Informationen aus Sicht des betroffenen Mitarbeiters. Der Informationsmechanismus lässt sich mit dem eines schwarzen Bretts an der Hochschule vergleichen. Das schwarze Brett wird gezielt aufgesucht und die betreffenden Informationen identifiziert. Allerdings ist das heutige schwarze Brett sehr viel intelligenter: Es informiert den Nutzer, sobald etwas Neues vorliegt!

Ein klares Bild bei der Analyse der Investitionsbarrieren mit Hilfe der Hürden-Cluster-Matrix ergibt sich bei Business-Social-Media-Anwendungen. Die befragten Unternehmen befürchten vor allem eine Ablenkung der Mitarbeiter. Dieser Punkt sticht unter den Befragungsergebnissen heraus, weil er mit Abstand als wichtigste Investitionsbarriere gesehen wird. Die Wahrnehmung von Unternehmen, die Business Social Media einsetzen und Nicht-Nutzern ist ähnlich. Aus diesem Grund kann das Kriterium Ablenkung tatsächlich als „echte" Investitionshürde gesehen werden. Daneben sind ebenfalls Befürchtungen um die Sicherheit von Social Media Lösungen eine Investitionsbarriere. Allerdings lassen sich in diesem Punkt unterschiedlichere Einschätzungen zwischen Nutzern und Nicht-Nutzern feststellen, als im Vergleich zum Punkt Ablenkung. Der Nutzen dieser Lösungen wird bei der Wahrnehmungsdifferenz ähnlich wie die Sicherheit bewertet. Alle übrigen Punkte stellen aus Sicht der befragten Unternehmen eher keine bzw. lediglich eine geringe Investitionsbarriere dar. Hierzu zählen die Information, Anwendung, Infrastruktur und Mitarbeiter.

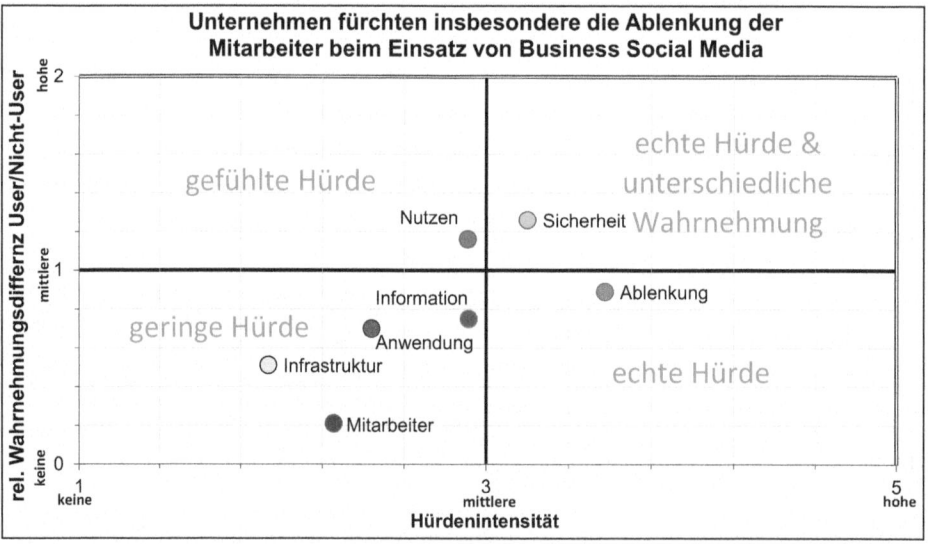

Abb. 26 Kategorisierung ICT-Hürden für Business Social Media

3.4   Fazit und Interpretation für Marktteilnehmer

Die Befragungsergebnisse haben gezeigt, dass jede der vier Fokustechnologien eine spezifische Ausprägung hinsichtlich der zu erwartenden Effekte und der möglichen Einführungsbarrieren aufweist. Aus diesem Grund ist es sinnvoll, für jede Fokustechnologie einen spezifischen Handlungsbedarf für Anbieter und Nachfrager abzuleiten. In Abb. 27 sind die Befragungsergebnisse nochmals zusammengefasst dargestellt.

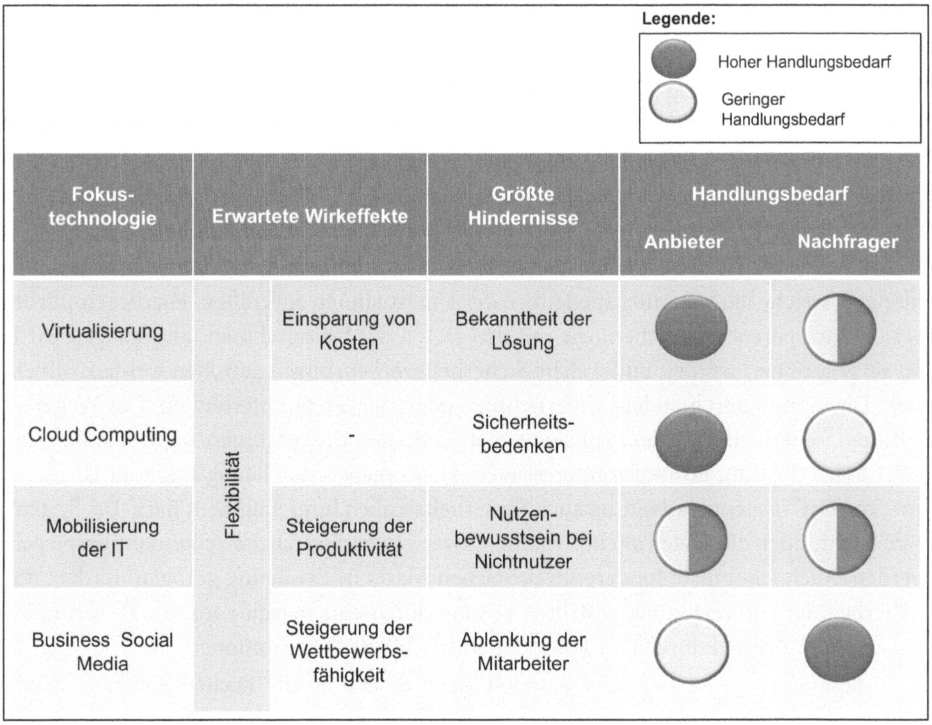

Abb. 27 Zusammenfassung der Befragungsergebnisse

Auffallend ist, dass bei allen Technologien erwartet wird, dass sie die Flexibilität der Nutzer steigern. In dieser Hinsicht können dieser Technologien dabei unterstützen, die Unternehmen besser auf das dynamische Marktumfeld vorzubereiten.

Bei Virtualisierung wird neben der Steigerung der Flexibilität insbesondere eine Einsparung der ICT-Kosten erwartet. Hiermit ermöglicht diese Technologie auch bei sinkenden ICT-Budgets, die hohe Leistungsfähigkeit des ICT-Bereichs innerhalb der Unternehmung aufrecht zu halten und sollte aus diesem Grund eine wichtige Rolle bei den ICT-Verantwortlichen besitzen.

Demgegenüber steht jedoch das Hindernis, dass diese Technologie nur im geringen Maße bei den Unternehmen bekannt ist. Insbesondere kleineren Unternehmen sind das Leistungspotential und die sich ergebenden Möglichkeiten der Virtualisierungstechnologie nicht bekannt. Aus diesem Grund liegt der Haupthandlungsbedarf auf Seiten der Anbieter der Technologie. Selbstverständlich sollten sich die ICT-Verantwortlichen kontinu-ierlich über neue Technologien informieren. Allerdings sollte diese Informationssuche der Nachfrager durch entsprechende Informationsangebote der Anbieter befriedigt werden.

Anbieter sollten segmentspezifische Kommunikation vorantreiben, um insbesondere auch kleinere Unternehmen zu erreichen. Dies kann über zielgruppenspezifische Markt-kommunikation erfolgen. Hier empfiehlt es sich über Referenzkunden aus dem Markt-segment aufzuzeigen, welche Potentiale in dieser Technologie liegen. Diese könnte bei-spielsweise über die Fachpresse und speziell aufzubauende Expertenrunden in den Markt kommuniziert werden. Bei einer Überwindung dieses Informationsdefizits hat diese Tech-nologie sehr gute Chancen die Akzeptanz im Markt nachhaltig zu erhöhen.

Bei Cloud Computing gibt es neben der Steigerung der Flexibilität keine weiteren er-warteten Effekte. Demgegenüber steht jedoch das Hindernis der Sicherheitsbedenken der Unternehmen, ihre Unternehmensdaten oder –abläufe in die Cloud zu legen. Dieses Hin-dernis wird sowohl von Nutzern als auch von Nicht-Nutzern gesehen und behindert da-durch die weitere Marktpenetration mit dieser innovativen Fokustechnologie.

An diesem Punkt gilt es seitens der Anbieter anzusetzen und gezielt Maßnahmen auf-zusetzen, welche die Sicherheitsbedenken der Unternehmen entkräften. Hierbei empfiehlt es sich, transparent zu machen, wie mit den Daten der Unternehmen umgegangen wird, wo sie gespeichert werden und welche Sicherheitsvorkehrungen getroffen werden, um ei-nen „Datenraub" durch andere Unternehmen oder Hacker zu unterbinden. Des Weiteren sollte ein Sicherheitsaudit der aktuellen Situation bei den Unternehmen angeboten werden, welche sich für Cloudlösungen interessieren. Hier ergeben sich häufig Erkenntnisse, dass die „Vor-Ort"-Datenverarbeitung auch Sicherheitsrisiken birgt, falls kein Back-Up-System bereitsteht, oder die Daten nicht zwischen zwei getrennten Orten redundant gespiegelt werden. Auch kann insbesondere im deutschen Markt in Erwägung gezogen werden, die Sicherheit der zur Verfügung gestellten Lösung durch eine neutrale Instanz zu zertifizie-ren, wie zum Beispiel durch den TüV oder andere offizielle Institutionen.

Insbesondere für konservative Kunden bietet es sich an die Rechenzentrumskapazi-täten in Deutschland zu errichten, um sensible Daten national abzuspeichern oder auf nationalen Servern laufen zu lassen. Diese können dann anders bepreist werden und in Kombination mit Offshore-Kapazitäten für unsensiblere Daten angeboten werden.

Zusätzlich empfiehlt es sich umfassend das Thema Sicherheit zu kommunizieren und die Bedenken der potentiellen Kunden ernst zu nehmen. Auch hier könnten ähnlich wie beim Thema Virtualisierung Referenzkunden und deren gemachten Erfahrungen helfen die Bedenken zu reduzieren.

Die Fokustechnologie Mobilisierung der IT ist bereits stark etabliert und wirkt neben der Steigerung der Flexibilität insbesondere auf die Steigerung der Produktivität von Unter-nehmen. Durch die Steigerung der Produktivität der Mitarbeiter sollten auch notwendige Investitionen in Mobile Hardware und Telekommunikationsleistungen zu rechtfertigen sein.

Das Haupthindernis bei dieser Technologie liegt darin, dass Nicht-Nutzer den Nutzen der Mobilisierung der IT nicht erkennen oder für sich selbst rechtfertigen können. Um diese Hürde zu überwinden, müssen sowohl Anbieter durch entsprechende Informationsangebote als auch Nachfrager durch aktive Auseinandersetzung mit diesen Lösungen handeln.

Auf der Nachfragerseite gilt es die Chancen der Produktivitätssteigerung fürs eigene Unternehmen zu hinterfragen und Einsatzmöglichkeiten zu ergründen. Ansonsten besteht die Gefahr, dass diese Unternehmen das Potential ihrer Mitarbeiter nicht in vollem Umfang ausschöpfen und damit Wettbewerbsnachteile erleiden. Insbesondere bei der Überwindung von Medienbrüchen bei der Datenerfassung und –verarbeitung kann diese Technologie erhebliche Optimierungspotentiale bieten.

Die Anbieter sollten noch stärker über eine umfassende Nutzenargumentation potentielle Kunden für die Nutzung begeistern. Der Einsatz von Wirtschaftlichkeitsberechnungstools für die Vertriebsorganisation, unterstützt durch branchenspezifische oder kundenspezifische Referenzfälle könnte eine weitere Penetration dieser Fokustechnologie ermöglichen. Wichtig erscheint hierbei auch die Arbeitsweise der Vertriebsorganisation zu überprüfen. Diese sollte von einer preisorientierten Argumentation stärker in eine nutzenorientierte Argumentation ausgerichtet werden. Hierzu müssten umfangreiche Schulungsmaßnahmen auf und umgesetzt werden.

Bei Business Social Media liegt, neben der Steigerung der Flexibilität, der erwartete Effekt vor allem in der Steigerung der Wettbewerbsfähigkeit. Diesem sehr wichtigen erwarteten Effekt steht jedoch das Haupthindernis der Ablenkung der Mitarbeiter gegenüber, welche sowohl von Nutzern als auch von Nicht-Nutzern gesehen wird.

Dies birgt die Gefahr, dass Unternehmen zwar die Sinnhaftigkeit von Business Social Media erkennen und hierin auch eine Chance sehen, aber bei einer verstärkten Nutzung dieser Lösung durch die Mitarbeiter diese wieder einschränken. Aus diesem Grund liegt der Handlungsbedarf für eine erfolgreiche Implementierung auch auf Seiten der Nachfrager.

Hierbei geht es weniger um die technische Herausforderung bei der Einführung der Lösung, sondern eher um die kulturelle Veränderung, welche die erfolgreiche Nutzung von Business Social Media ausmacht. Nur wenn auch eine umfassende Nutzung dieser Lösung gewünscht ist, macht eine Einführung Sinn. Hierbei gilt es insbesondere das gesamte Management über alle Ebenen hinweg von den Potentialen dieser Lösung zu überzeugen und diese als Promotoren für eine umfassende Nutzung zu gewinnen. Diese müssen gerade zu Beginn der Umsetzung die häufigsten Nutzer der Lösung werden und ihre Mitarbeiter motivieren, selbst an Blogs und Gruppenarbeiten teilzunehmen und ihr persönliches Profil zu pflegen. Sollte das mentale Modell der „Zeitverschwendung" der Mitarbeiter vorherrschen, wird diese Lösung nicht ihr Potential entfalten können und die Nutzung über die Zeit abflachen.

Wie über Unternehmensbefragung gezeigt, besteht bei den ausgewählten Fokustechnologien eine sehr hohe Nutzenerwartung. Demgegenüber stehen aber auch erhebliche Bedenken bzw. Hürden, welche es zu überwinden gilt. Im folgenden Kapitel sollen aus diesem Grund Erfahrungen von Unternehmen vorgestellt werden, welche sich für die Einführung einer der Fokustechnologien entschieden haben. Ziel hierbei ist es, aus den gemachten Erfahrungen zu lernen und diese dann auf das eigene Unternehmen zu übertragen.

Erfolgreiche Umsetzung von ICT-Lösungen und Lessons Learned

4

ICT-Lösungen versprechen einen hohen Nutzen für die Unternehmen hinsichtlich Kosteneinsparung, Steigerung der Flexibilität und Erhöhung der Wettbewerbsfähigkeit. Dennoch gibt es, wie in der Unternehmenbefragung nachgewiesen, für viele Unternehmen erhebliche Hürden beim Einsatz dieser innovativen Lösungen.

Um diese Hürden zu überwinden, sollten im Folgenden die Erfahrungen ausgewählter Unternehmen aufgezeigt werden, welche sich bewusst für die Einführung von verschiedenen ICT-Lösungen entschieden haben. Zu Beginn jedes Kapitels wird kurz das Unternehmen vorgestellt. Anschließend wird die Ausgangslage beschrieben und welche Gründe zur jeweiligen Auswahl der ICT-Lösung geführt haben. Danach wird der realisierte Lösungsansatz im Detail vorgestellt. Darauf aufbauend werden die Implementierung und die erzielten Effekte durch die Einführung der ICT-Lösung erläutert, um abschließend nochmals die unternehmensspezifischen Leasons Learned darzustellen.

4.1 Einführung von Virtualisierungtechnologie bei der Unity AG

Die Unity AG hat sich als Beratungsunternehmen im ICT- und Systemumfeld schon frühzeitig entschieden, die gesamte ICT-Infrastruktur zu virtualisieren. Die hierdurch erzielten Effekte wurden im Rahmen eines Tiefeninterviews mit dem Leiter der IT der Unity AG besprochen und werden im Folgenden vorgestellt.

Unternehmensvorstellung
Unity ist eine Managementberatung für zukunftsorientierte Unternehmensführung. Mit innovativen Prozessen und Geschäftsmodellen werden die operative Exzellenz und der Unternehmenserfolg der Kunden nachhaltig gesteigert. Unity erhöht die Produktivität und den Ertrag, stellt die Weichen für Wachstum auf und schafft Investitionssicherheit. Unity versteht sich als Partner für mittelständische Unternehmen und internationale Konzerne, die auch zukünftig mit erfolgreichen Produkten und Leistungen dem Wettbewerb einen Schritt voraus sein wollen. Die Kunden profitieren dabei von der langjährigen übergreifenden Branchenexpertise, der engen Verknüpfung zu Forschung und Wissenschaft durch das Heinz Nixdorf Institut und der Umsetzungsstärke der 150 Mitarbeiter. Niederlassun-

gen befinden sich in Paderborn, Berlin, Braunschweig, Hamburg, Köln, München und Stuttgart sowie in Kairo, Wien und Zürich. Folgende Eigenschaften charakterisieren das Unternehmen:

- **Innovationskompetenz:**
  Dahinter verbirgt sich das Bestreben, die aktuellen Herausforderungen von Kunden mit besonders innovativen Lösungen (Technologien und Methoden) zu begegnen.

- **Technologiewissen:**
  Verfügbarkeit über Wissen von neuen Technologien, Entwicklungssystematiken und Produktionsverfahren für die Gestaltung zukünftiger Märkte. Grundlage hierfür ist die enge Verknüpfung mit dem Heinz Nixdorf Institut der Universität Paderborn.

- **Branchenexpertise:**
  Sicherstellung von Branchenkenntnis, zur erfolgreichen Bearbeitung von lokalen und globalen Märkten.

- **Ergebnisoptimierung:**
  Erarbeitung von Lösungen, die zu wirtschaftlichem Erfolg führen und den Amortisationszeitraum von Investitionen verkürzen. Dabei werden nicht nur die Erfordernisse des operativen Geschäfts berücksichtigt, sondern auch das grundsätzliche Zusammenspiel von Mensch, Organisation, betriebswirtschaftlicher Zielsetzung und Technik.

- **Umsetzungsstärke:**
  Im Mittelpunkt steht die Entwicklung von systematischen Empfehlungen, die gut nachvollziehbar sind. Change- und Interimsmanagement unterstreichen den Realisierungsansatz.

Ausgangslage

Die Technologieberatung ist permanent bestrebt, selbst die neuesten Technologien einzusetzen. Die notwendige Erneuerung der fünf Jahre alten Serverinfrastruktur war der optimale Ausgangspunkt dafür, die ICT-Strategie zu überarbeiten und an der aktuellen Geschäftsstrategie neu auszurichten. Einen zentralen Bestandteil stellte hierbei die flächendeckende Nutzung von Virtualisierungstechnologien dar, um flexibler im Betrieb, unabhängiger von der Hardware und gleichzeitig skalierbarer zu werden. Eine der größten Herausforderungen dabei war es, dass die Entscheidung für eine virtuelle Infrastruktur keine reine Hardwareumstellung bedeutet, sondern sich auch stark auf die Softwarestrategie des Unternehmens auswirkt. Daher wurden sämtliche Softwaresysteme dahingehend geprüft, ob sie virtualisierbar sind oder auf dedizierter Hardware (möglicherweise sogar mit Hardware Dongle) betrieben werden müssen. Darüber hinaus war eine gezielte Risikobewertung hinsichtlich des Herstellersupports notwendig, um zu prüfen, ob man auf Software-Wartungsverträge und Support verzichten möchte, weil diese den Betrieb in virtualisierten Umgebungen aus dem Support ausschließen. In diesem Fall geht man das Risiko ein, dass die Hardware, auf der die Software betrieben wird, nicht mehr in den Hardware-Wartungsverträgen läuft, da sie das Ende ihres Lebenszyklus erreicht hat nicht mehr vom Hersteller unterstützt wird und somit ein Ausfall wahrscheinlicher wird. Für ein Unternehmen stellt dies eine komplexe Optimierungsaufgabe in einem „Wirrwarr" aus Wartungs- (Hardware und Software) und Lizenzverträgen dar.

Für die Auswahl des optimalen Lösungsansatzes wurde ein Anforderungskatalog entwickelt. Dieser umfasst im Detail folgende Punkte:

- Definition der erforderlichen Verfügbarkeit der Software (24/7 vs. 8/5).

- Berücksichtigung möglicher Ausfallzeiten: D.h. Zeitfenster, in dem die Systeme nach einem Ausfall wieder verfügbar sein müssen.

- Definition der erforderlichen Ressourcen: D.h. Bedarf an Speicherkapazität, Arbeitsspeicher, Rechenleistung, Speicher- und Netzwerkdurchsatz.

- Abschätzung der zukünftigen Wachstumspläne: D.h. Entwicklung des Ressourcenbedarfs über die nächsten drei Jahre und Sicherstellung der Skalierbarkeit der Lösung.

- Definition der Datenverlust-Sensitivität: D.h. Back-Up jeden Tag, jede Stunde oder alle 10 Minuten.

- Definition der benötigten Sicherheitsanforderungen.

Gemäß dieser Anforderungsliste wurden die verfügbaren Produkte unter Berücksichtigung der Lizenzmodelle und den daraus resultierenden Kosten verglichen. Ausgewählt wurde die Lösung mit dem besten Preis-/Leistungsverhältnis, die zugleich alle notwendigen Anforderungen erfüllt.

Lösungsansatz
Die Umsetzung von physischer in virtuelle Hardware erfolgte bei Unity in drei Schritten.

1.   Kopieren der Systeme und Datenbestände
2.   Testen der neuen Umgebung anhand ausgewählter Prozesse und Testkataloge
3.   Umstellung der Live-Umgebung auf das neue virtualisierte System

Zu Beginn wurden die Systeme und Datenbestände aller Kernsysteme kopiert oder aus der Datensicherung wiederhergestellt. Einige Systeme, wie z.B. die Exchange-Umgebung, erforderten einen Architekturwechsel, an dieser Stelle kam nur eine Kopie der Datenbestände in Frage. Dies nahm vier Tage in Anspruch, da die Live-Umgebung nur begrenzt beeinträchtigt werden durfte.

Im nächsten Schritt wurde dann die neue Umgebung getestet. Dabei empfiehlt es sich, zu Beginn die Desaster & Recovery-Prozesse zu testen, damit diese abgesichert sind. So ist sichergestellt, dass die Daten nicht verloren gehen können. Eine großzügige initiale Hardwarebereitstellung macht sich hier bezahlt, damit in der Implementierung genügend Ressourcen für den ausgiebigen Test der neuen Infrastruktur zur Verfügung stehen. Die abschließende Umstellung der Live-Umgebung erfolgte zwischen Weihnachten und Neujahr, da in dieser Woche die meisten Projekte ruhen und ausreichend Zeit vorhanden ist, um eventuelle Probleme bei der Umstellung zu beheben.

Insgesamt lässt sich festhalten, dass die Einführung der virtuellen Serverinfrastruktur gut zu planen und zu testen ist, die neue virtuelle Struktur als Testinfrastruktur genutzt werden kann und dann bei der Umstellung lediglich in den Live-Betrieb überführt wird. Die Effekte der eingeführten Lösung waren nachhaltig und wirkten sich positiv nicht nur auf die IT-Abteilung, sondern auf das gesamte Unternehmen aus. Der Stromverbrauch konnte drastisch gesenkt werden, da von ursprünglich 30 Systemen nur noch drei Systeme betrieben werden mussten.

Durch die Virtualisierung der Serverinfrastruktur ist Unity heute Hardware-unabhängig und kann wesentlich flexibler agieren, die Serverhardware kann sogar im laufenden Betrieb ausgetauscht werden und dies mit den Investitionskosten eines konventionellen Systems. Server können ohne Aufwand für Beschaffung und Installation durch den Administrator einfach freigeschaltet werden. Per Knopfdruck können virtuelle Testumgebungen aufgesetzt oder geklont werden, in denen Updates oder durchzuführende Migrationen simulierbar sind. Beispielsweise wurde für die Umstellung des ERP-Systems eine Testumgebung aus 14 virtuellen Systemen erstellt, in der sämtliche Integrationen vor der Liveumstellung zunächst geprüft werden konnten. Durch diese vielfältigen Testmöglichkeiten konnte die Qualität des IT-Betriebs massiv verbessert und die Fehleranfälligkeit nachhaltig gesenkt werden. Neben dem einfachen Testen von Änderungsarbeiten bringt auch die Standardisierung der Infrastruktur enorme Vorteile im Sinne der Redundanz, der Stabilität und der Prozesseffizienz mit sich.

Im Ergebnis steht Unity nun eine deutlich höhere Funktionalität zur Verfügung als bei einer vergleichbaren Investition in eine konventionelle Lösung auf Basis von Blade- oder Einzelsystemen. Insbesondere die Flexibilität der IT-Abteilung und deren Möglichkeiten wurden nachhaltig gesteigert.

Implementierung und erzielte Effekte

Aus strategischen, nutzungsbedingten und kostenorientierten Gründen hat sich Unity für eine vollständige Virtualisierung seiner Serverinfrastruktur entschieden. Als Hypervisor wurde VMware ausgewählt. Diese Lösung bot gegenüber den alternativen Lösungen im Markt zum Auswahlzeitpunkt das beste Preis-/Leistungsverhältnis. Durch die Virtualisierung konnten die zuvor betriebenen 30 Server auf drei zentralen Hosts abgebildet werden. Bei den Hosts wurde nicht einfach der Status Quo hinsichtlich Speicherkapazität, Arbeitsspeicher, Rechenleistung, Speicher- und Netzwerkdurchsatz abgebildet, sondern es wurde ein System geschaffen, welches kapazitativ der alten Lösung deutlich überlegen war. Dies schaffte Flexibilität für die Migration, Redundanz gegen den Ausfall einzelner Komponenten und Ressourcen für Testsysteme und Skalierbarkeit. Zur Optimierung des Preis-/Leistungsverhältnisses der Hosts wurden die Speicherbänke und CPU-Sockel der ausgewählten Systeme voll bestückt und bezüglich der Leistungsklassen miteinander abgeglichen. Beispielsweise lohnte der Einsatz schneller Module für den Arbeitsspeicher nicht, da die CPUs bei einer vollen Bestückung des Arbeitsspeichers diesen nicht mehr in der vollen Geschwindigkeit ansteuern können. Da Unity auch die Investition in die Netzwerkstruktur für das Speichernetz (SAN) wichtig war, wurde dieses gezielt von dem Sprach- und Datennetz (LAN / WAN) getrennt. Dies verhindert den Einfluss von Fehlern aus dem LAN oder WAN in das SAN. Des Weiteren wurde die Anzahl der GigaBit-Netzwerkanschlüsse im LAN für den Anschluss der Hosts stark erhöht, um Leistungsengpässen vorzubeugen.

Um die gewonnene Flexibilität beherrschbar zu machen, war es notwendig, auch einzelne Prozesse anzupassen und neue Regelmechanismen einzuführen. Klar definierte Regeln wurden erstellt, beispielsweise, dass für jeden neu geschaffenen Testserver ein anderer Server wieder abgeschaltet werden muss. So werden die durch Testsysteme verwendeten Ressourcen im Rahmen gehalten. Zusätzlich gilt es klar zu regeln, wer die virtuellen Investitionsmittel für die Server freigibt, wer die Freigabe gegenzeichnet und von welcher Kostenstelle die Kosten abgebucht werden.

Lessons Learned

Die Server-Virtualisierung hat Unity viele Vorteile gebracht und war die richtige Entscheidung für die Zukunft der eigenen ICT-Infrastruktur. Bei der Umsetzung haben sich ein paar Schwachstellen herausgestellt, die Nacharbeiten erforderten:

1. Dynamik der Lizenzmodelle,
2. Ressourcenbedarf durch „Schattensysteme",
3. Ausbildung der Mitarbeiter.

Durch die Virtualisierung der Systeme muss sichergestellt werden, dass die erworbenen Lizenzen auch tatsächlich die genutzte Infrastruktur abbilden. Es besteht die Gefahr einer Unterlizenzierung, da Hersteller oft für den virtualisierten Betrieb eigene Lizenzformen anbieten. Auch eine Umstellung des Lizenzmodells von einer Softwareversion zur nächsten kann für Überraschungen sorgen und zu erheblichen Belastungen für mittelständische Unternehmen führen (zum Teil mehrere 10.000 EUR). Die Lizenzen sollten aktiv in der jeweiligen ICT-Strategie eingeplant werden.

Einen weiteren wichtigen Punkt stellen „Schattensysteme" dar. Dies sind häufig in Fachabteilungen aufgebaute Systeme, die in der IT nicht korrekt erfasst sind und damit in der Bedarfsanalyse nicht berücksichtigt werden. Diese Systeme tauchen meist erst im Zuge der Migration oder bei der Aktualisierung der Betriebssysteme in der IT auf und fordern dann Ressourcen und Lizenzen ab, die nicht eingeplant waren.

Auch die Ausbildung der Mitarbeiter spielt bei der Umsetzung der Virtualisierungsstrategie eine entscheidende Rolle. Hierbei sollte erwogen werden, externes Know-how einzukaufen, um die neue technische Plattform in vollem Umfang zu nutzen und auf Erfahrungen aus bisherigen Realisierungen zugreifen zu können. Mindestens sollten die Mitarbeiter vor der Einführung gezielt zu Schulungen eingeladen werden. Bei Unity hat sich die Schulung eines Mitarbeiters vor Projektstart als sehr wirksam erwiesen, dieser Mitarbeiter konnte dann auf Augenhöhe mit externen Spezialisten die Feinkonzepte validieren. Die Ausbildung weiterer Mitarbeiter muss konsequent in den Projektablauf eingeplant werden, damit das Know-how nicht bei einem Mitarbeiter zentralisiert wird. Mindestens zwei Mitarbeiter sollten mit der Umgebung arbeiten können.

Neben den genannten Punkten ist es wichtig, dass jedem Beteiligten bewusst ist, dass das neue System andere Managementprozesse benötigt als eine nicht virtualisierte Infrastruktur. So erfolgt die CPU-Zuteilung zu einem virtualisierten Server dynamisch. Sollten hier eingeführte Auslastungsgrenzen zum Alarm durch das System führen, gingen in der ICT-Abteilung permanent Alarmmeldungen ein. Hier sind neue Regeln für das Monitoring von ICT-Ressourcen (z.B. RAM, CPU) festzulegen. Gleiches gilt für die Themen Virenschutz und Datensicherung. Da die Hardware in virtualisierten Umgebungen konsolidiert ist und damit einen deutlichen Kostenvorteil schafft, stehen die Ressourcen nicht mehr jedem Server gleichzeitig zur Verfügung, z.B. bei einem Scan durch den Virenscanner. Hier ist eine Optimierung zwingend notwendig.

4.2 Einführung der Cloudlösung von Google, Google Apps bei Scholz & Friends

Scholz & Friends, eine der führenden Marketing Agenturen in Deutschland, hat sich im Rahmen der Optimierung der internen Kommunikation und Vernetzung der Mitarbeiter sowie Partner und Kunden für die Cloudlösung von Google entschieden. Im Folgenden werden die im Interview mit dem Projektverantwortlichen für die Einführung von Google Apps, Moritz Recke, erarbeiteten Erfahrungen vorgestellt.

Unternehmensvorstellung
Die Marketing Agentur Scholz & Friends Group hat ihren Hauptsitz in Berlin und Hamburg. Zur Scholz & Friends Group gehören über 30 Tochterunternehmen. Das Agenturnetzwerk ist mit Full-Service-Agenturen europaweit vertreten. Hinzu kommen Spezialagenturen für einzelne Kommunikationsinstrumente wie PR, Dialog, Design oder Eventmarketing. Mit über 800 kreativen Mitarbeitern sowie einem Umsatz von über 130 Mio. EUR zählt Scholz & Friends zu einer der größten Werbeagenturen Deutschlands. Als Full-Service-Agentur bedient Scholz & Friends über 200 Kunden, von Großunternehmen wie Schenker oder Saturn bis hin zum klassischen Mittelstand. Seit über 10 Jahre gehört Scholz & Friends zu den 3 kreativsten Agenturen im deutschen Markt und hat diverse Kommunikationstrends nachhaltig geprägt.

Ausgangslage
Bei Scholz & Friends kam es zu einer Neuausrichtung der ICT-Strategie. Scholz & Friends ist als innovatives und kreatives Unternehmen entscheidend von funktionierenden Kommunikationsprozessen abhängig. Im Zentrum der angestrebten Neuausrichtung stand die Fragestellung, wie die Zusammenarbeit der Mitarbeiter sowie die Einbindung von externen Partnern möglichst kosteneffizient ausgestaltet werden kann. Es zeichnete sich die Notwendigkeit ab, dass die Vernetzung der Mitarbeiter untereinander sowie deren Mobilisierung deutlich verbessert werden musste. Auch die Einbindung Dritter (Kunden oder Partner), sollte deutlich dynamischer und einfacher erfolgen.

Die vorhandene Lösung bestand aus einer rein intern betriebenen IT. Die Applikationen liefen auf eigenen Servern (Applikationsserver und Mailserver), verteilt über mehrere Standorte. Die Leistungsfähigkeit der Systeme wurde allenfalls als ausreichend empfunden, da die Aktualität von Spam- und Sicherheits-Funktionen aufgrund des zu hohen Verwaltungsaufwandes nicht kontinuierlich gewährleistet werden konnte. Insbesondere bei den Tools für die Zusammenarbeit innerhalb der standort- und unternehmensübergreifenden

Teams schien es erhebliche Verbesserungspotentiale zu geben. Es wurde vermutet, dass geeignete Collaboration Tools die Arbeit der Teams erheblich effizienter gestalten könnten.

Ein Großteil des Mailverkehrs war auf Anpassungen von Präsentationsdateien zurückzuführen, da per Mail permanent die aktuellsten Versionen von Präsentationen an einen großen Verteiler (das Projektteam) versandt wurden. Dadurch wurde weitgehend vermieden, dass innerhalb des Teams parallel redundante Arbeit verrichtet wurde. Das Intranet war statisch, wurde zentral editiert und damit viel zu wenig für den Informationsaustausch genutzt. Insbesondere die Einbindung von mobilen Mitarbeitern in diese Infrastruktur erwies sich als kompliziert. So war die komplette Umstellung der mobilen Mitarbeiter auf das iPhone nur mit erheblichem Aufwand seitens der IT-Abteilung leistbar. Auch der Trend zur stärkeren Einbindung Externer (Kunden oder Partner) stellte die IT-Experten permanent vor Herausforderungen. Die ICT-Verantwortlichen von Scholz & Friends vermuteten, dass sie die IT und die damit verbundenen Arbeitsabläufe von Grund auf ändern mußten. Aus diesem Grund wurde ein strukturiertes Projekt aufgesetzt, welches mit einer breiten Interviewreihe über alle Unternehmensebenen (vom Vorstand bis zum Praktikanten) hinweg startete.

Hierbei konnten vier wesentliche Anforderungen an die zukünftige ICT-Infrastruktur abgeleitet werden:

1. Die Dokumentenverwaltung sollte nachhaltig verbessert werden (weniger dezentrale Speicherung auf PC, mehr zentrale Speicherung in Projekträumen).
2. Das Suchen von Informationen innerhalb von Scholz & Friends sollte revolutioniert werden, wie das Auffinden von Experten, Dokumenten und Präsentationen.
3. Standortübergreifende Zusammenarbeit muss ermöglicht werden.
4. Die Anbindung von externen Partnern muss schnell und ohne viel Aufwand erfolgen.

Basierend auf diesen Anforderungen begann der Auswahlprozess.

Lösungsansatz

Es wurde eine Vielzahl von Softwarelösungen in den Entscheidungsprozess mit einbezogen. Aufgrund der hohen Anzahl von Apple-iMac-Nutzern wurden Microsoft Plattform basierte Lösungsansätze von Anfang an ausgeschlossen.

Beim Auswahlprozess der Collaboration Tools stellte sich heraus, dass es zwei grundlegende Arten von Tools im Markt gibt. Zum einen Tools, welche sich stark auf das Thema der Dokumentenverwaltung spezialisieren (Asset Management Charakter), zum anderen Tools, welche sehr stark in der personenbezogenen Kommunikation sind (Business Social Media Charakter).

In den Auswahlprozess kam beispielsweise Salesforce Chatter, ein leistungsfähiges Tool für die Optimierung personenbezogener Kommunikation. Hiermit kann jeder Mitarbeiter seine Erfahrungen und sein Know-how anderen Kolleginnen und Kollegen im Unternehmen einfach und damit effizient kommunizieren und transparent machen. Dieses Software Tool weist aus Sicht des Interviewpartners jedoch Schwächen im Bereich Dokumentenverwaltung auf, da jedes Dokument einzeln personenbezogen hochgeladen werden muss.

Andere Anwendungen wie beispielsweise das Open Source Tool Alfresco, sind extrem stark in der Dokumentenverwaltung, wiesen aber Schwächen für Scholz & Friends im Bereich der Kommunikation auf. Obwohl auch mehrere kleine Start-up-Softwareanbieter mit in die Bewertung aufgenommen wurden, mussten diese allesamt im Rahmen des Auswahlprozesses verworfen werden. Die Sicherheit in die Investition und deren Nachhaltigkeit war ein wichtiges Entscheidungskriterium für Scholz & Friends, wodurch die größeren und etablierten Lösungen in die engere Auswahl gelangten.

Am Ende des Auswahlprozesses entschied sich Scholz & Friends für die Lösung „Google Apps" vom amerikanischen Unternehmen Google. Hierbei handelte es sich um die E-Mail-Dienste (Ablösung des E-Mail Servers), die Kalenderfunktion (Ablösung des Kalender Servers) sowie die Einführung von Google Sites (Ablösung des vorher statischen Intranets). Sämtliche Dienste werden über ein hochbitratiges VPN (virtual private network) direkt aus der Cloud bezogen, welches nochmals in den Bandbreiten stark erhöht wurde. Dies ermöglicht die zur Verfügung Stellung der genannten Dienste ohne die dafür notwendigen Server im eigenen Hause betreiben und warten zu müssen.

Hauptgrund für Google war primär die Erfüllung der geforderten Funktionalität. Weitere Gründe waren:

- Sehr hohe Kompetenz in Bezug auf das Suchen und Finden von Informationen sowie Know-how Trägern innerhalb von Scholz & Friends über die bewährte Suchfunktion von Google.

- Die Investitonssicherheit in die vorgeschlagene Lösung aufgrund der Größe und Profitabilität des Anbieters.

- Hohe Innovationssicherheit von Google bei den untersuchten Softwaretypen.

- Die Tatsache, dass ein Großteil der Mitarbeiter die Google Lösung bereits privat im Einsatz hat und dementsprechend bereits mit der Bedienung der Anwendungen von Google vertraut ist.

Neben diesen positiven Punkten, gab es jedoch auch kritische Punkte, die gegen eine Einführung der Google Lösung sprachen. So war das Image von Google, insbesondere während Google Street View in der täglichen Presse präsent war und kontrovers diskutiert wurde, ein wichtiger Kritikpunkt. Aber auch das Thema „Verbleib der Daten" wurde offen im Unternehmen diskutiert. So gibt es von Seiten Google keine Garantie für einen Verbleib der Daten innerhalb der EU oder gar innerhalb Deutschlands. Die hohe Priorität die Google dem Thema Datensicherheit widmet und die Sicherheitsmöglichkeiten welche Google Apps bietet, konnten am Ende Scholz & Friends überzeugen. So ist ein Team aus den weltweit führenden ICT-Sicherheitsexperten permanent bei Google im Einsatz. Die eingesetzte Technologie, wie die Verschlüsselung und Verteilung der Daten setzt aktuell Sicherheitsmaßstäbe im Markt. Des Weiteren werden in Zusammenarbeit mit externen Dienstleistern die Sicherheitsmechanismen permanent überprüft und bei Bedarf angepasst. Überzeugen konnte auch die schnelle Installation von Updates im Falle einer auftretenden Sicherheitslücke. Dauert dies bei den meisten Unternehmen 30-60 Tage (bei manchen Unternehmen sogar bis zu 6 Monate), so setzt Google diese Updates auf der

Stelle um. Neben den vielen Referenzkunden, welche Google Apps bereits heute nutzen, wie General Electric oder Jaguar, konnte insbesondere der Beitritt von Google zum Safe Harbor Abkommen sowie die Zertifizierung durch die BITKOM überzeugen.

Zusätzlich hierzu zählte für Scholz & Friends aber insbesondere die starke Funktionalität und Kosteneffizienz der Google Lösung. Der Verbleib der Daten in Deutschland war von geringerer Bedeutung, da Sicherheit und Verfügbarkeit der Daten durch Google sogar höher bewertet wurden als bei der früheren „Vor-Ort"-Installation. Die Hürde, Google aufgrund der Cloudlösung von Datensicherheitsbedenken nicht einzusetzen, wurde intensiv diskutiert. Im abschließenden Bewertungsprozess konnten die Sicherheitsbedenken aus Sicht von Scholz & Friends jedoch vollständig ausgeräumt werden. Die ökonomischen und technologischen Vorteile von Google Apps waren ausschlaggebend für die Auswahl der Lösung.

Implementierung und erzielte Effekte

Die Implementierung von Google Apps erfolgte in einem sehr kurzen Zeitraum, was typisch für eine Cloudlösung ist. So wurden ca. zwei Monate benötigt um die Migration auf die neue Lösung zu planen und vorzubereiten. Die eigentliche Umstellung im Sinne einer Migration erfolgte innerhalb von einem Monat. Hierbei wurden 1250 Benutzer mit ihren Mailboxen und Kalendern Funktionalität vollständig umgestellt. Für die Migration der E-Mails und Kalendereinträge wurde ein Leitfaden entwickelt und den Mitarbeitern zur Verfügung gestellt. Des Weiteren wurde den Mitarbeitern eine 90 minütige Schulung im Umgang mit dem neuen System zur Verfügung gestellt. Hinsichtlich der Dokumenten- und Projektbearbeitung wurde unternehmensweit beschlossen, die laufenden und alten Projekte in den alten Systemen zu belassen und sämtliche neuen Projekte in der Google-Umgebung anzulegen. Auch die datentechnisch sehr großen, hochauflösenden Bilder verblieben auf den alten Systemen, da der Datentransfer in die Cloud zu aufwendig gewesen wäre und das Arbeiten verlangsamt hätte.

Durch diese Maßnahmen konnten die IT-Kosten nachhaltig gesenkt werden. Die früher erforderlichen Investitionen in eigene Hardware sowie deren umfassenden Betrieb sind entfallen und wurden ersetzt durch gut kalkulierbare Kosten je Arbeitsplatz. Da die Software quasi „von der Stange" eingekauft wurde, konnte die technische Implementierung sehr kosteneffizient durchgeführt werden. Aufwendiger war die „kulturelle Veränderung", da sich nun die Arbeitsweise der Organisation an die Vorgaben und Prozesse der Standardsoftware aus der Cloud anpassen musste.

Das Feedback der Mitarbeiter hinsichtlich der Cloudlösung von Google fiel gemischt aus. So ergab eine Umfrage hinsichtlich der Zufriedenheit mit der Lösung von 360 Mitarbeitern von Scholz & Friends, dass 20% der Befragten sehr mit der neuen IT-Lösung zufrieden waren, 50% standen der Veränderung neutral gegenüber, 30% waren mit der neuen Lösung nicht zufrieden. Inhaltlich ergab die Befragung, dass die grundlegende Strategie, sich für eine Cloudlösung zu entscheiden, verstanden und auch akzeptiert wurde. Kritisch gesehen wurden der Verlust ehemals liebgewonnener Funktionen der alten IT-Lösungen. So war die „Hausschrift" in der Cloud nicht mehr verfügbar und es fehlten Regeln, die früher im System automatisiert hinterlegt waren. Vereinzelt gab es Bedenken hinsichtlich der Datensicherheit, welche auch nachhaltig nach der Implementierung ein Diskussionsthema blieb.

Bei der Nutzung der neuen Lösung (insbesondere bei Google Docs und Google Sites) wurde deutlich, dass viele Mitarbeiter Informationen in den Dokumenten und auf dem Intranet suchen. Allerdings war die Anzahl von Mitarbeitern, die diese neuen Tools aktiv nutzen, um selbst Inhalte zu generieren, sehr beschränkt. Die Ursache hierfür ist in der Veränderungsbereitschaft der Mitarbeiter zu sehen, die neuen Möglichkeiten der Software Lösung intensiv zu nutzen.

„Google Apps" war der alten Lösung deutlich überlegen, da es über wesentlich mehr Funktionen verfügt und kontinuierliche Innovationen sicherstellt. Insbesondere die Möglichkeit, das Arbeiten im virtuellen Team (Collaboration Tools) IT-technisch zu unterstützen, ermöglicht es Scholz & Friends standort- sowie unternehmensübergreifend Projekte zu managen. Informationen, welche früher durch den Informationsträger aktiv per E-Mail verteilt werden mussten, können nun über Google Docs zentral bereitgestellt werden. Mitarbeiter, die die Information benötigen, rufen diese selbstständig ab. Um die Potentiale der Lösung vollständig zu erschließen, waren erhebliche Veränderungen erforderlich.

Diese erforderlichen Veränderungen in der Art der Zusammenarbeit erfolgten auf drei Ebenen:

- Technische Ebene: Intranet Methodik, User Management, Zugangsmanagement.

- Organisations-Prozessebene: Definition von Standards und Regeln.

- Kulturelle Ebene: Art und Weise der kollaborativen Zusammenarbeit.

Auf der technischen Ebene waren die Veränderungen marginal. Insbesondere die verantwortlichen IT-Mitarbeiter von Scholz & Friends haben sich schnell an die intuitive Benutzeroberfläche von Google gewöhnt und konnten sämtliche Benutzer problemlos verwalten. In organisatorischer Hinsicht gab es die ersten Hindernisse, welche überwunden werden mussten. Dies lag darin begründet, dass die Organisation und ihre Prozesse an die Cloudlösung angepasst werden mussten und nicht, wie in der Vergangenheit üblich, die Software im Rahmen des Customizing an das Unternehmen angepasst wurde.

Die größten Veränderungen ergaben sich aber auf der kulturellen Ebene. Kollaborative Zusammenarbeit musste neu definiert werden: Jeder im Projekt teilte sämtliche Informationen und diese waren zeitgleich verfügbar. Wissensvorsprung eines Einzelnen gehörte der Vergangenheit an und die Einbindung von Externen erhöhte massiv den Druck auf die interne Organisation. Insbesondere der Wandel bei der kulturellen Art der Zusammenarbeit dauert immer noch an und wird die Organisation auch in Zukunft beschäftigen.

Die erwarteten Effekte hinsichtlich IT-Kosteneinsparung sind im erwarteten Umfang realisiert worden. Die gesamte IT-Infrastruktur (inklusive Softwarelizenzen, Serverkapazitäten, Wartungs- und Enstörungsdienstleistungen) steht dem Unternehmen mit über 1.500 Nutzern für einen kleinen fünfstelligen Euro-Wert pro Jahr zur Verfügung und liegt damit deutlich unter den früher benötigten ICT-Budgets. Die größeren potentiellen Effekte der Einsparungen liegen aber in der geänderten Art der Zusammenarbeit. So werden aktuell deutlich weniger E-Mails an große Verteiler versendet, wodurch die Kommunikation erheblich effizienter geworden ist und Mitarbeiter weniger Zeit mit E-Mail-Verwaltung verschwenden. In den Projekten ist die Infomationsbeschaffung zur Holschuld geworden und wird durch den Mitarbeiter, der die Information benötigt, initiiert. Unnötige E-Mails mit einer großen Liste an „CC"-Adressaten, die die Mail als Kopie „zur Info" bekommen sollen, gehören der Vergangenheit an. Die neueste Information ist für jeden am Projekt beteiligten Mitarbeiter jederzeit abrufbar und ergänzbar.

Die positiven Erfahrungen, die Scholz & Friends mit der Einführung von Cloudlösungen gemacht hat, führen im Unternehmen dazu auch weitere Dienste in die Cloud zu verlegen. Im nächsten Schritt wird nun überprüft, die Telefonanlage als Cloud-Dienst zu beziehen.

Lessons Learned

Cloudlösungen bieten Unternehmen nicht nur die Möglichkeit ihre Kostenstruktur nachhaltig zu optimieren. Sie haben auch erhebliche Auswirkungen auf die Art und Weise wie Unternehmen arbeiten und Informationen austauschen. Hierbei unterscheidet sich eine Cloudimplementierung signifikant von einer traditionellen „Vor-Ort"-Implementierung.

Bei einer traditionellen „Vor-Ort"-Implementierung fallen die Hauptkosten für Basissoftwarelizenzen sowie das Customizing der Software an. Hierbei wird die Software an die Organisation und Prozesse der jeweiligen Unternehmung angepasst. Die hier zu erwartenden Kosten können erheblich sein und sind als Einmalzahlung vor Beginn der Nutzung zu entrichten. Die Implementierungsdauer ist auch erheblich länger als bei einer Cloudlösung, da die Anpassungen an der Software kundenindividuell zu erstellen sind und Zeit benötigen. Der damit verbundene Schulungsaufwand der Mitarbeiter ist eher gering, da Prozesse und Abläufe im Wesentlichen erhalten bleiben.

Cloudlösungen werden demgegenüber „von der Stange" für das Unternehmen genutzt. Sie geben Prozesse und Abläufe im Sinne eines optimalen Ansatzes (Best Practice) vor. Dies bringt erhebliche Einsparungen bei den Implementierungskosten mit sich und bietet die Möglichkeit von den besten Abläufen zu profitieren. Auch die Implementierungsdauer ist bei Cloudlösungen deutlich geringer. Hier entfällt jedoch der Hauptaufwand in den Bereich des Changemanagements, da die Abläufe, die Organisation und die Kultur der jeweiligen Unternehmung sich an die Software anpassen muss und nicht umgekehrt.

Dieser Aufwand des Changemanagements wird häufig bei der Investmententscheidung vernachlässigt. Bei der Implementierung werden die kulturellen Aspekte nicht pro aktiv angegangen, wodurch die Transformation in der Art wie die Mitarbeiter arbeiten länger dauert. Hierdurch benötigt die Umsetzung und tatsächliche Nutzung der neuen Lösung oft länger und bringt damit die erhofften Prozessverbesserungen später als erwartet.

Die Einführung der Cloudlösung von Google hat sich für Scholz & Friends als richtig erwiesen. Die Realisierung des vollständigen Nutzens kommt jedoch erst über die Zeit, wenn sämtliche Mitarbeiter im Rahmen des Changes die neuen Möglichkeiten dieser „Collaboration"-Lösung in vollem Umfang nutzen und damit noch effizienter arbeiten.

4.3   Einführung der CRM-/ERP-Lösung von Salesforce.com bei der nfon AG

Das Technologieunternehmen nfon AG hat sich bei der Automatisierung seiner Kernprozesse für die cloudbasierte CRM-Lösung von Salesforce.com entschieden. Im Folgenden werden die im Interview mit dem CEO erarbeiten Erfahrungen vorgestellt.

Unternehmensvorstellung

Die nfon AG ist ein führender Anbieter für virtuelle Telefonanlagen (IP-Centrex). Das Unternehmen wurde 2007 gegründet, hat ca. 50 Mitarbeiter und seinen Sitz in München.

nfon ermöglicht Unternehmen jeder Größenordnung, die eigene TK-Anlage samt ISDN-Telefonanschluss an ein externes Rechenzentrum auszulagern. Von überall kann mit dem Festnetz- und dem Mobiltelefon sowie dem PC auf die Telefonanlage zugegriffen werden.

Das Unternehmen bietet diesen Service als Cloud Dienst an. Dabei wird die TK-Anlage über eine breitbandige Datenanbindung bereitgestellt und dynamisch an den Bedarf angepasst. Die nfon-Telefonanlage wird in mehreren vollredundanten Hochleistungsrechenzentren betrieben und ist damit, wie vom TüV bestätigt, in einem hohen Maße ausfallsicher. Die Lösung bietet mit mehr als 100 Funktionen ein Leistungsspektrum, das bisher vorwiegend Großkonzernen vorbehalten war. Diese Funktionen stehen durch die Bereitstellung als Cloudservice nun auch kleinen und mittleren Unternehmen zur Verfügung.

Die Kosten für eine stationäre Anlage sowie den separaten Telefonanschluss entfallen, und dank Pay per Use und flexibler Skalierbarkeit der Nebenstellen können Unternehmen mit der Lösung von nfon bis zu 50 % der Kosten im Vergleich zu einer herkömmlichen Telefonanlage sparen.

Ausgangslage

Als die nfon AG als Start-up-Unternehmen das operative Geschäft aufgenommen hatte, stand das Produkt der nfon, ihre virtuelle Telefonanlage, bereits zur Verfügung und es konnten die ersten Kunden gewonnen werden. Die Kernprozesse wie Kundenverwaltung, Angebotserstellung und Rechnungslegung wurden manuell, unter Nutzung von klassischen Office Applikationen wie Word, Excel und Access betrieben. Dies war bei einem Umfang von knapp 20 Rechnungen pro Monat noch möglich. Schnell stellte sich heraus, dass bei dem erwarteten Kundenwachstum ein System benötigt wurde, welches diese Prozesse automatisiert. Das Unternehmen nutzte diese Anlaufphase, um genau zu verstehen, welche Art von Lösung benötigt wird und erstellte auf Basis dieser Erfahrungen ein Pflichtenheft für die auszuwählende Lösung zusammen. Auf Grund der Tatsache, dass es sich bei der nfon um ein sehr junges Unternehmen handelte, konnte man im Rahmen eines „Greenfield"-Ansatzes die am besten passende Lösung auswählen, da man nicht auf bestehende Systeme und Abläufe im Unternehmen Rücksicht nehmen musste.

Es wurde ein Anforderungskatalog für die Kernprozesse Angebotserstellung, Rechnungslegung, Kundenverwaltung und Vertragsverwaltung erstellt. In die engere Auswahl kamen klassische, auf den Mittelstand ausgerichtete ERP-Systeme wie Navision und Sage. SAP wurde durch das Management auf Grund der erwarteten hohen Kosten nicht mit in den Auswahlprozess aufgenommen. Bei der weiteren Marktüberprüfung wurde das Unternehmen über einen IT-Berater auf die Lösung von Salesforce.com aufmerksam gemacht.

Unter den klassischen ERP-Systemen schien Navision mit einer „Vor-Ort"-Installation am besten für nfon geeignet. Das System konnte die geforderten Prozesse bereits standardmäßig abbilden und war ausreichend ausbaufähig, um auch zukünftige Anforderungen zu berücksichtigen. Nachteile dieser Lösung waren jedoch, dass nfon die Software nicht selbstständig hätte anpassen können, so dass eine permanente Beratungsleistung für die Anpassung des Systems an die nfon-spezifischen Anforderungen erforderlich gewesen wäre. Des Weiteren hätte man neben den Softwarelizenzen auch noch diverse ICT-Hardware für die Installation beschaffen müssen. Die Hardware umfasst Server für den Betrieb der Software sowie Speicherung von Daten und eine erforderliche Back-up-Infrastruktur, welche zusätzlich noch hätte betrieben werden müssen. Diese hohe, vor der Nutzung der Lösung zu tätigende Investition von ca. 80.000 EUR, stellte für das sich in der Start-up-Phase befindliche Unternehmen nfon mit 20 Kunden eine echte Hürde da.

Demgegenüber erschien die Cloudlösung von Salesforce.com als eine deutlich günstigere und flexiblere Alternative. Es waren keine Vorabinvestitionen in ICT-Hardware und Softwarelizenzen nötig. Komplexität konnte bei Betrieb, Wartung der Hardware und Lizenzmanagement deutlich reduziert werden. Zudem zeichnete sich ab, wie einfach Arbeitsabläufe mit Hilfe der Salesforce.com-Lösung automatisiert werden konnten.

Für eine Investition von nur 5.000 EUR konnten innerhalb von 14 Tagen die Kernprozesse in Salesforce abgebildet und automatisiert werden. Des Weiteren stand die Lösung sofort zur Nutzung bereit. Parallel wurden kostenlose Testlizenzen von Salesforce genutzt, um die Gesamtheit der zur Verfügung stehenden Cloudlösungen zu testen. Als nach dieser kurzen Implementierungszeit das Ergebnis direkt zur Verfügung stand und im vollen Umfang nutzbar war, war die Entscheidung getroffen. Die Automatisierung der Kernprozesse sollte bei nfon über die Cloudlösung von Salesforce erzielt werden. Obwohl es sich bei Salesforce.com primär um eine CRM-Lösung handelt, ließen sich sämtliche ERP-Prozesse einfach und schnell implementieren.

Lösungsansatz und Implementierung

Nachdem die Auswahl für Salesforce gefallen war und die Kernprozesse bereits in rudimentärer Form automatisiert vorlagen, wurde mit der eigentlichen Implementierung begonnen. nfon erwarb eine Salesforce.com-Enterprise-Lizenz. Diese Lizenz wurde benötigt, da nur bei dieser höherwertigen Lösung die Anpassbarkeit der Datenbank sichergestellt war. Die Investitionen für Server, Speichersysteme und Back-up-Lösungen konnten vollständig entfallen.

Aufbauend auf den Erfahrungen der manuellen Prozesse wurden nun detaillierte Prozessbeschreibungen erstellt und in enger Abstimmung mit dem eingestellten Berater in Salesforce abgebildet. Hierbei wurden die bereits in Salesforce hinterlegten Referenzprozesse immer als Best Practice mit einbezogen, so dass man im Zweifel den Best-Practice-Prozess von Salesforce nutzte und so die Prozesse des Unternehmens an die Salesforce-Prozesse angeglichen wurden. Diese Herangehensweise gleicht einem „Greenfield"-Ansatz, welcher sehr leicht bei nfon als Start-up-Unternehmen umsetzbar war, da die Prozesse quasi noch nicht existent waren, bzw. noch nicht von Mitarbeitern über einen längeren Zeitraum gelebt wurden. Der Ansatz brachte zwei erhebliche Vorteile mit sich. Die Umsetzung innerhalb der Salesforce-Cloud-Umgebung war einfach, schnell und kostengünstig möglich. Hierdurch wurde erheblicher Anpassungsaufwand eingespart. Des Weiteren nutzte nfon die langjährige Prozesserfahrung von Salesforce, wodurch direkt optimale Prozesse fürs Unternehmen und die Kunden umgesetzt werden konnten.

Mit diesem Ansatz war die erste Komplettlösung der automatisierten Kernprozesse innerhalb von 8 Wochen bei einem Beratungsbudget von 12.000 EUR umsetzbar. Vergleicht man dies mit klassischen „Vor-Ort"-Installationen, ist dieser Ansatz sehr günstig und schnell zu realisieren. Die laufenden IT-Kosten betrugen lediglich die Softwaremiete für eine Enterprise-Lizenz von Salesforce für 130 EUR im Monat. Diese Lizenz konnte von mehreren Mitarbeitern genutzt werden.

Durch die ausgewählte Cloudlösung erhielt nfon Zugang zu einer sehr leistungsstarken CRM-/ERP-Lösung, welche die Wettbewerbsfähigkeit nachhaltig steigerte – und das bei laufenden ICT-Kosten von unter 2.000 EUR pro Jahr.

Über die speziellen Test- und Abnahme-Routinen, welche von Salesforce vorgegeben werden und durchlaufen werden müssen, bevor die nfon-spezifische Lösung genutzt werden kann, ist auch permanent sichergestellt, dass die nfon-Lösung upgradefähig bleibt, ohne zusätzlichen Programmieraufwand zu betreiben. Auch dies kann bekanntermaßen bei „Vor-Ort"-Installationen deutlich anders sein, da durch Anpassungen am System (Customizing) die Upgradefähigkeit nur mit erheblichem Programmieraufwand umsetzbar wird. Trotz des gesetzten Rahmens, welchen die Cloudlösung vorgibt, waren bis heute alle Prozesse der nfon in Salesforce abbildbar.

Die Implementierung von Salesforce.com bei nfon erfolgte nicht über klassische Releases, sondern glich einem kontinuierlichen Erweiterungprozess der Funktionalitäten. Dieser wurde ausgehend von den Anforderungen im Kerngeschäft bestimmt und über konkrete Wirtschaftlichkeitsbetrachtungen priorisiert.

Nach der Erstimplementierung wurde die Softwarelösung weiterentwickelt. Der Funktionsumfang wurde kontinuierlich erweitert. So kamen neben den oben genannten Kernprozessen über die Zeit die Verwaltung der Datenleitungen sowie die zugehörige IP-Adressverwaltung hinzu. Es wurden sämtliche Workflows zur Kundenkommunikation integriert. Dies beinhaltet die Information über die Bestellung der Lösung, den geplanten Technikereinsatz sowie die Erinnerungsschreiben an den Kunden. Diese Kommunikation wird vollautomatisch gestartet und hält den Verwaltungsaufwand auf Seiten nfon gering.

Auch die Logistikprozesse wie Lieferung der Telefongeräte vom Lager bis zum Endkunden mit der zugehörigen Kommunikation zu Zulieferen, Logistikern und Kunden sind mittlerweile in Salesforce abgebildet. Damit ist Salesforce für nfon ein vollwertiges hochintegriertes ERP-/CRM-System. In der nächsten Ausbaustufe wird nun an der Anbindung / Schnittstelle zur DATEV-Lösung gearbeitet. So würden dann vom ersten Kundenkontakt bis hin zur buchhalterischen Dokumentation der letzten Rechnung sämtliche Prozesse voll automatisiert in der Cloud zur Verfügung stehen. Da es sich bei DATEV ebenfalls um eine Cloudlösung handelt, wären die Verwaltungsprozesse von nfon damit vollständig in einer Cloud-Umgebung abgebildet.

Nach dem ersten Jahr der Nutzung erkannte das Unternehmen, dass es ca. 40.000 EUR pro Jahr für Programmieraufwand ausgab, um kontinuierlich die Prozesse und Abläufe im gesamten Unternehmen zu automatisieren. Um diese Kosten weiter zu senken, wurde ein interner Mitarbeiter eingestellt, welcher nach einer kurzen Salesforce-Schulung für 2.100 EUR und einer 1-2 monatigen Einarbeitung das System eigenständig erweitern konnte. Auf Grund der Einfachheit der Programmierung in der Salesforce-Umgebung (Force. com), konnte ein Mitarbeiter direkt von der Hochschule kostengünstig gewonnen werden. Damit waren die Kosten weiterhin gut kontrollierbar, was für nfon als Start-up eine wichtige Voraussetzung darstellte.

Auch die Anzahl der Lizenzen wurde von ursprünglich einer auf mittlerweile fünf Lizenzen erhöht. So war bei der Umstellung auf die Eigenentwicklung eine Lizenz für eine Testumgebung erforderlich, in der die Veränderung programmiert und die Testroutinen vor der Umstellung auf den Wirkbetrieb durchgeführt wurden. Diese Zusatzlizenz wurde vorher durch den Berater bereitgestellt. Weitere Lizenzen kamen hinzu, als spezifische Sichten und Nutzerrechte vergeben werden mussten. So wurden spezifische Benutzerrollen für das Produktmanagement benötigt, da nur diese Mitarbeiter Preise und Tarife anpassen und verändern durften. Auch die Mitarbeiter in der Logistikabteilung sowie die Service/Customer Care Mitarbeiter erhielten eine eigene Rolle, um die Kundendaten besser schützen zu können.

Zusätzlich zu den bereits aufgeführten Vorteilen der Salesforce.com-Lösung erhielt nfon Zugang zu kontinuierlichen Softwareupgrades, welche von Salesforce im Rahmen des Frühlings- und Herbstreleases zur Verfügung gestellt werden. Da sich jeder Nutzer an die Prüf- und Testroutinen zu halten hat und sich in der Cloud-Umgebung befindet, sind sämtliche Salesforce Installationen ohne Konfigurationsaufwand upgradefähig. So konnte nfon direkt auf die Web enabling Platform von Salesforce zurückgreifen und damit jedem Kunden ein Portal zur Verfügung stellen, in dem er seine Stammdaten selbstständig verwaltet und ändert. Die zugehörigen Sicherheits- und Verwaltungsprozesse standen als Best-Practice-Prozess direkt zur Verfügung. Auch die Integration mit Social-Media-Plattformen wurde einmalig erstellt und kann nun von allen Anwendern ohne eigenständigen Programmieraufwand benutzt werden. Durch die Cloudlösung partizipiert nfon damit von der Innovationskraft von Salesforce und kann sämtliche Zusatzfunktionalitäten direkt einsetzen und nutzen.

Im Rahmen des vollständigen Schwenks auf die Cloudlösung von Salesforce mussten auch die IT-Prozesse neu definiert werden. Hierzu wurde ein IT-Handbuch erstellt, welches die Abläufe und vor allem die Dokumentation der programmierten Veränderungen regelt.

Hürden, wie Sicherheitsbedenken oder Verfügbarkeitsthemen, die in der Unternehmensbefragung deutlich wurden, waren für nfon von Anfang an keine Investitionsbarriere. Das betriebene System befindet sich in der Europa-Cloud von Salesforce. Die beschriebenen Sicherheitsprozesse und Best-Practice-Ansätze zur Sicherung der Kundendaten bei der nfon AG werden jährlich durch Bundesnetz Agentur (BNetzA) beauftragte Zertifizierungsanbieter geprüft und erhalten durch diese neutrale öffentliche Instanz einen Gütesiegel. Hinsichtlich der Verfügbarkeit der Lösung, wäre es einem Unternehmen der

Größenordnung der nfon AG nicht mit vertretbarem Aufwand möglich, die von Salesforce garantierten und mit Service Level (SLA) hinterlegten Verfügbarkeiten zu erreichen.

Die Lösung von Salesforce hat es der nfon AG ermöglicht sämtliche Verwaltungsprozesse hochgradig zu automatisieren, Komplexität zu reduzieren und effizient zu wachsen. Zusammenfassend beschrieb es der CEO der nfon AG durch seine Aussage: „Ohne die Lösung von Salesforce.com hätten wir die ambitionierten Wachstumsziele unseres Unternehmens nicht erreichen können".

Erzielte Effekte

Für die nfon AG hatte die Einführung der Cloudlösung von Salesforce.com eine Vielzahl von sehr positiven Effekten. Diese waren:

- Geringes ICT-Investitionsbudget sowie transparente und geringe laufende ICT-Kosten.

- Zugang zu Prozess Know-how (insbesondere im CRM-Bereich) und kontinuierliche Prozess Innovationen.

- Hohe Verfügbarkeit und Sicherheitsstandards.

- Hohe Flexibilität und Geschwindigkeit bei der Einführung neuer Produkte.

Gerade für die nfon als Start-up-Unternehmen, mit begrenzten Investitionsbudgets, war die Cloudlösung der optimale Ansatz. Keine Vorabinvestitionen für Server, Speicher- und Back-up Technik. Dies schonte das Budget und ermöglichte Investitionen in das Kernprodukt des Unternehmens bei virtuellen Telefonanlagen. Auch die laufenden Kosten waren vollständig im Vorfeld kalkulierbar und beliefen sich zu Beginn mit lediglich einer Salesforce-Enterprise-Lizenz auf 1.560 EUR (130 EUR *12 Monate) im Jahr. Die Prozessanpassung im Sinne der automatisierten Abläufe konnte in kleinsten Einheiten bis zu einzelnen Manntagen zugekauft werden und ließ sich immer über eine Wirtschaftlichkeitsrechnung bewerten. Versteckte Kosten gab es nicht und auch in der aktuellen Ausbaustufe ist das ICT-Budget für 6 Lizenzen mit unter 10.000 EUR p.a. immer noch relativ gering.

Neben dem Effekt des sehr geringen ICT-Budgets kam hinzu, dass es sich um eine umfassende CRM-Lösung handelt, welche über Workflow Programmierung auch die ERP-Prozesse des Unternehmens abbilden konnte. Hierdurch erhielt die nfon AG Zugang zu einer Softwarelösung, welche die besten CRM-Prozesse bereits vollautomatisiert bereitstellt und mit geringen Investitionsmitteln die Prozesse vom Kunden bis zur Dienstbereitstellung automatisierte. Der Zugang zu den neuen Funktionalitäten (z.B. Integration in Social Media Anwendungen, Bereitstellung von Web Portalen), die zweimal pro Jahr bereitgestellt werden, ermöglicht es auch kleineren Unternehmen an den Prozessinnovationen der größeren Unternehmen teilzuhaben. Hierdurch wird die „Demokratisierung" von den besten Softwarelösungen, d.h. der Zugriff für jedes Unternehmen auf die besten technischen Lösungen, möglich. Durch den Cloudansatz und die damit verbundenen Prüfprozesse bei Eigenprogrammierung wird sichergestellt, dass die genutzte Lösung permanent upgradefähig ist und bleibt. So partizipieren die Unternehmen kontinuierlich an den Versionshüben, welche Salesforce liefert.

Neben dieser besten funktionalen Softwarelösung erhielt nfon auch Zugang zu den höchsten Sicherheitsstandards, welche eine Software bereitstellen kann. Da Salesforce.com eines der ersten Unternehmen war, welche Cloudlösungen anbot, wurden diese Sicherheitskonzepte in jahrelanger Arbeit programmiert, getestet und weiterentwickelt. Da auf diese Lösung Unternehmen wie Allianz, Cisco oder Toyota zugreifen, sollten diese Standards, gemäß nfon, auch dem Anspruch eines mittelständischen Unternehmens genügen. Auf Grund der für diese Cloudlösung entwickelten Hardwarekonzeption kann Salesforce.com Verfügbarkeiten von 99,9% garantieren. Dies ist für die meisten Unternehmen mit den zur Verfügung stehenden Budgets nicht erreichbar und stellt somit eine deutlich überlegene Lösung dar.

Der aber mit Abstand größte Effekt der Salesforce.com-Lösung liegt für nfon in der hohen Geschwindigkeit, mit der dieses System angepasst werden kann. Von der Idee bis zur Umsetzung vergeht bei der nfon nur knapp eine Woche. Damit sind die Verwaltungsprozesse kein Engpass mehr bei der Entwicklung- und Bereitstellung neuer Produkte und Produktmerkmale. nfon hat damit die maximale Flexibilität schnell auf den Markt zu reagieren, wie zum Beispiel die Einführung neuer Tarife für die virtuelle Telefonanlage. Die Komplexität liegt nicht mehr darin, die neuen Produkte in die Verwaltungsprozesse zu integrieren, sondern lediglich in der Entwicklung der neuen Produkte. Dies sorgt für maximale Flexibilität beim Kunden und extrem hohe Geschwindigkeit bei der Umsetzung von Produktinnovationen und stellt einen wichtigen Wettbewerbsvorteil der nfon dar.

Lessons Learned

Bei den Lessons learned hatte die nfon weitgehend Positives zu berichten. Allerdings gab es auch einzelne Punkte, bei denen aus heutiger Sicht Verbesserungsbedarf bestand.

Die wohl wichtigsten positiven Erfahrungen der nfon AG bei der Implementierung und Nutzung der Cloudlösung von salesforce.com waren:

- Der offene Umgang und die Nutzung der Best-Practice-Prozesse des Softwareanbieters ermöglichen es schnell von den Besten zu lernen und eine hohe Qualität bei den Kernprozessen zu erzeugen.

- Das konsequente Hinterfragen, welche Lösungen oder ICT-Prozesse noch in die Cloud gelegt werden können, um die Komplexität aus dem Unternehmen zu halten, bringt Geschwindigkeit und spart Investitionen.

- Die Herangehensweise des „erst ausprobieren und testen", dann „automatisieren und skalieren" spart ebenfalls erhebliche ICT-Investitionen.

Das Management der nfon AG war sich sicher, dass der große Vorteil der Salesforce-Lösung in der Vielzahl der bereits vorhandenen Standardprozesse (insbesondere im CRM-Umfeld) lag. Jeder Prozess, welcher von der nfon AG benötigt wurde, wurde zuerst mit dem Standardprozess der Softwarelösung abgeglichen. Diese Möglichkeit, als mittelständisches Unternehmen von jemand zu lernen, welcher sich über Jahre mit der Optimierung der Prozesse beschäftigt hat, brachte einen „Quantensprung" in die Prozesslandschaft der nfon.

Die positiven Erfahrungen mit der Cloudlösung führten dazu, dass sämtliche ICT-An-wendungen hinsichtlich der Cloudfähigkeit überprüft und, wenn möglich, in die Cloud überführt wurden, sei es Rechenkapazitäten bei Amazon zu buchen oder die Buchhaltung bei der Datev abwickeln zu lassen. Die Gefahr der Abhängigkeit kann gezielt über vertrag-liche Vereinbarungen und im Markt zur Verfügung stehende alternative Produkte abge-federt werden. Die konsequente Ausrichtung auf Cloudtechnologie führt aber definitiv dazu, Komplexität zu reduzieren und vor allem außerhalb des Unternehmens zu lassen, da für die Überführung in die Cloud gewisse Standards eingehalten werden müssen. Somit trägt die Nutzung von Cloudlösungen zu einer Vereinheitlichung der ICT-Leistungen im Unternehmen bei.

Wichtig war für die nfon auch, dass Prozesse oder Produktmerkmale, bevor sie voll-automatisiert umgesetzt wurden, zunächst getestet wurden. Dadurch konnte festgestellt werden, ob die Erfordernisse überhaupt vom Markt, den einzelnen Kunden oder den Mitarbeitern angenommen wurden. Das vorherige umfangreiche Testen hatte den Vorteil einer wirkungsvollen Lernkurve: Dadurch wurde gelernt, wie und im welchem Umfang automatisiert werden musste mit der Folge, dass nur relevante Prozesse und Produktmerk-male im System umgesetzt wurden. Durch diese Herangehensweise konnte die inhärente Komplexität abermals begrenzt werden.

Aber es wurde auch „Lehrgeld" im Verlauf der Implementierung der Cloudlösung ge-zahlt. Hierbei waren die wichtigsten Erfahrungen:

- Die Qualifikation der Mitarbeiter, welche an der Cloudlösung arbeiten, muss durch-gängig hoch sein, um Funktionsfähigkeit sicherzustellen.

- Aufgrund der Flexibilität der Lösung besteht schnell die Gefahr des „Wildwuchses der ICT" da jeder die Fähigkeit besitzt neue Funktionen einzubringen.

- Bei der Auswahl der unternehmensspezifischen ICT-Lösung muss ausreichend Zeit und Prozess Know-how vorhanden sein, um eine fundierte Auswahl treffen zu können.

Bei der Qualifikation der Mitarbeiter startete die nfon mit einer „günstigen Variante", um das ICT-Budget möglichst klein zu halten. Hierzu wurde ein Mitarbeiter mit Java-Kenntnissen direkt von der Universität eingestellt. Diese sehr günstige Variante erwies sich im Nachhinein als Nachteil. Zwar verfügte der Mitarbeiter über ausreichend Qualifikation, um die Programmierungen durchzuführen, jedoch blieb auf Grund mangelnder Erfah-rung die Dokumentation aus. Nach kurzer Zeit entdeckte dieser Mitarbeiter seinen Markt-wert und machte sich als Salesforce-Berater selbstständig. Die fehlende Dokumentation der durchgeführten Änderungen musste später in mühevoller Kleinstarbeit nachgezogen werden. Heute setzt nfon auf deutlich qualifiziertere Mitarbeiter, welche auch höhere Ge-hälter und Zusatzleistungen erwarten, jedoch dadurch auch langfristig an das Unterneh-men gebunden sind.

Die als großer Vorteil der Cloudtechnologie beschriebene Flexibilität und Einfachheit der Veränderbarkeit sorgt auch gleichzeitig für deren größtes Risiko. Sie birgt die Gefahr, dass ein sog. „Wildwuchs" bei ICT-Lösungen entsteht, da de facto jeder Mitarbeiter in die Lage versetzt wird einzelne Abläufe und Produkte anzupassen. Wird dies kombiniert mit fehlender Dokumentation, kann die Lösung schnell zu einem komplexen Gebilde werden und es besteht die Gefahr, dass sich einzelne Veränderungen gegenseitig blockieren. Um dies zu vermeiden, sollten die Anpassungen an die Lösung zentral koordiniert werden. Zwar scheint eine dezentrale Anpassung möglich, jedoch sollte eine zentrale Stelle diese kennen und bewerten, bevor sie umgesetzt wird.

Neben diesen organisatorischen Prozessen sollte auch der Auswahlprozess für ICT-Lösungen besser strukturiert werden. Zwar hat nfon mit der salesforce.com-Lösung die für das Start-up optimale Lösung gefunden, jedoch war der Auswahlprozess mehr von Zufall und damit Glück als von einem strukturierten Ansatz zum Auffinden der besten möglichen Lösung geprägt. Dies birgt die Gefahr, dass sich ein Unternehmen für die falsche Lösung entscheiden könnte. Hier empfiehlt es sich, im Vorfeld als Unternehmen in die Vorleistung zu gehen und die Prozesse detaillierter zu beschreiben. Es empfiehlt sich, ein Lastenheft mit den zentralen Anforderungen anzufügen. Dieses Lastenheft sollte soweit wie möglich die zukünftige Entwicklung des Unternehmens berücksichtigen, z.B. Kundenwachstum und erwarteter Funktionsumfang. Für diese Auswahlphase sollte sich das Unternehmen ausreichend Zeit nehmen, um hier keine Fehlentscheidung zu treffen.

Zusammenfassend gilt es festzuhalten, dass nfon mit der Cloudlösung von salesforce.com die für dieses Unternehmen optimale Lösung hinsichtlich Kosten, Nutzen, Flexibilität und Geschwindigkeit gefunden hat. Es passt zum Management, zu den Prozessen und vor allem zur Kultur des Unternehmens. Dies bedeutet nicht zwangsläufig, dass diese Lösung für jedes Unternehmen die beste Lösung darstellt und hier ähnlich positve Effekte erzielt. Jedoch sollte immer geprüft werden, ob eine Cloudlösung nicht eine Alternative zu einer „Vor-Ort"-Installation bietet.

4.4 Einführung von der ERP-Lösung SAP by Design bei der CSV GmbH

Die CSV GmbH hat sich als SAP R3-Beratungshaus für den Mittelstand bereits sehr frühzeitig mit dem Trend des Cloud Computings auseinandergesetzt. Um selbst Erfahrungen bei der Implementierung dieser Art von Lösung zu sammeln, hat sich das Unternehmen entschlossen die „SAP by Design"-Lösung im Januar 2011 einzuführen. Die Erfahrungen und erzielten Effekte wurden gemeinsam mit dem Geschäftsführer besprochen und sind im Folgenden beschrieben.

Unternehmensvorstellung
Bei der CSV GmbH handelt es sich um ein SAP-Beratungshaus, welches sich seit 1997 auf die Einführung von SAP R3-Lösungen spezialisiert hat. Die aktuell 25 Mitarbeiter erwirtschaften einen Jahresumsatz von 3 Mio. EUR und haben sich auf Software-Implementierung im Mittelstand fokussiert.

Hierbei positioniert sich das Unternehmen als ICT-Komplettanbieter für seine Kunden, um als ein Ansprechpartner das gesamte Leistungsspektrum bereitstellen zu können. Das Leistungsangebot umfasst neben dem Projektmanagement bei der SAP R3-Einführung, die Netzwerktechnik und die erforderliche ICT-Hard- und Software. Bei den Komponen-

ten, welche zusätzlich zu der Projektmanagementleistung bereitgestellt werden, greift die
CSV GmbH auf Partner zu, welche im Namen der CSV GmbH Leistungen erbringen.

Ausgangslage

Im Rahmen diverser Verkaufsgespräche für die Einführung von SAP R3-Lösungen bei
Mittelstandsunternehmen stellt die Geschäftsleitung der CSV GmbH fest, dass es ein großes Marktpotential für eine Integrierte ERP-Lösung von SAP gibt. Die Einführung einer
„Vor-Ort"-Installation einer SAP R3-Lösung ist jedoch für kleinere Mittelstandskunden
oft zu aufwendig. Insbesondere die Einführungs- und Wartungskosten sorgten dafür, dass
sich diese Unternehmen für eine alternative ERP-Lösung entschieden.

Mit dem Produkt „SAP by Design" (der cloudbasierten ERP-Lösung von SAP) schien
es nun eine Lösung im Markt zu geben, welche auch von kleineren Unternehmen genutzt
werden könnte. Insbesondere die Zahlung von monatlichen Nutzungsgebühren für die
Software ohne Investitionen in Hard- und Software, größere Implementierungskosten und
Wartungskosten senkt die Eintrittshürden enorm.

Um dieses Produkt schnell ins eigene Lösungsportfolio aufnehmen zu können, entschied sich die Geschäftsleitung selbst Kunde von „SAP by Design" zu werden und diese
Lösung umfassend zu nutzen. Zuvor wurden die Verwaltungsprozesse, wie die Finanzbuchhaltung, die Rechnungslegung und die Einkaufsprozesse durch eine vor Ort installierte Lexware-Lösung automatisiert. Eine CRM-Lösung war nicht im Einsatz. Die Ge-
schäftskontakte wurden im Wesentlichen über Microsoft Outlook verwaltet.

Durch die Lexware Software stand zwar eine kostengünstige Softwarelösung zur Verfügung, diese hatte jedoch aus Sicht der CSV GmbH entscheidende Nachteile. So konnte
man Finanzkennzahlen nur sehr rudimentär auswerten und damit nur unzureichend für
die Unternehmenssteuerung nutzen. Des Weiteren war ein Zugriff auf die Unternehmensdaten nur durch die im Büro stehenden Rechner möglich. Ein mobiler Zugriff vor Ort
beim Kunden stand nicht zur Verfügung. Auch eine integrierte CRM-Lösung hätte zusätzlich zu Lexware beschafft und integriert werden müssen.

Lösungsansatz und Implementierung

Als SAP R3-Beratungshaus, gab es für die CSV GmbH zu „SAP by Design" keine Alternative. Bei der Auswahl der Lösung, stand das Lernen über die Implementierung und die Nutzungsmöglichkeiten im Vordergrund. Mit 25 Mitarbeitern entschied sich die CSV GmbH
für eine Minimalinstallation von 10 Lizenzen, welche abgenommen werden müssen, um
„SAP by Design" als Unternehmen nutzen zu können. Hierbei wurden 3 Volllizenzen für
133 EUR p.m und 7 reine CRM-Lizenzen für 79,5 EUR p.m. erworben. Hierdurch ent-
standen für CSV GmbH Kosten von ca. 1.000 EUR pro Monat. Dies stellt eine deutliche
Kostenerhöhung gegenüber dem früheren Lexware System dar, welches für 60 EUR p.m.
betrieben werden konnte. In den Kosten der Lexware Lösung waren jedoch die ICT-Hardware sowie deren Betrieb und Wartung nicht enthalten.

Die CSV GmbH setzte als IT-Dienstleistungsunternehmen eine Vielzahl der „SAP by Design" Module ein:

- CRM-Modul für sämtliche vertriebliche Aktivitäten,

- Administrationsmodul für die Finanzbuchhaltung,

- Einkaufmodul für den Zukauf und Verrechnung von Dienstleitungen,

- Projektmodul für das Management und die Verwaltung der laufenden Implementierungsprojekte (inklusive Zeiterfassung der Mitarbeiter),

- Business Intelligencemodul zur Auswertung der Finanzkennzahlen und verbesserten Steuerung der Projekte.

Die CSV GmbH nutzte die von „SAP by Design" vorgegebenen Prozesse. Dies hatte den Vorteil auf die Best-Practice-Prozesse der SAP, welche über jahrelange Erfahrung im ERP- und CRM-Umfeld verfügt, direkt zugreifen zu können. Des Weiteren konnte hierdurch auf eine Änderungsprogrammierung verzichtet werden, wodurch eine Implementierung in nur 6 Wochen erfolgte.

Die Implementierung der „SAP by Design"-Lösung führte die CSV GmbH selbstständig durch, um auch hier die nötigen Erfahrungen im eigenen Unternehmen zu sammeln. Aufgrund der intuitiven Umsetzbarkeit der Lösung war kein externer Support erforderlich. Die Implementierung erfolgte in 4 Schritten.

Im Rahmen des **ersten Schrittes** wurde in Form eines Fragebogens mit Ja/Nein Fragen die komplette Implementierungslogik und Basiskonfiguration der „SAP by Design"-Lösung festgelegt. Hierdurch werden der Funktionsumfang und die benötigten Module sowie erste Standardeinstellungen festgelegt. Dieser Schritt benötigt je nach Funktionsumfang zwischen zwei Stunden und zwei Tagen. Nach Eingabe erfolgt automatisch die Konfiguration des Systems.

Im **zweiten Schritt** wurden dann die unternehmensspezifischen Anpassungen vorgenommen. Hier werden z.B. unternehmensindividuelle Zahlungsbedingungen oder Buchungsregeln hinterlegt, wobei „SAP by Design" dem Nutzer diverse Alternativen zur Verfügung stellt, aus denen das Unternehmen die für ihn passende auswählt. Im Rahmen dieses Schrittes kann das Unternehmen auch auf zusätzliche Applikationen, ähnlich dem Apple App Store, zugreifen und die Funktionalitäten in Form eines Applikationskatalogs hinzubuchen. Da der Funktionsumfang der „SAP by Design"-Lösung bereits sehr umfangreich ist, kam die Nutzung von zusätzlichen Applikationen für die CSV GmbH nicht in Betracht.

Im **dritten Schritt** wurden die Stammdaten aus dem Lexware System in das „SAP by Design"-System übernommen. Hierzu konnte eine Excel Schnittstelle genutzt werden, welche standardmäßig zur Verfügung steht und einfach zu bedienen ist. Es wurden die Daten von Lexware in eine Excel Datei exportiert, gemäß dem benötigten Format aufbereitet und anschließend in das „SAP by Design"-System eingelesen. Die automatische Datenprüfung stellt hierbei sicher, dass es nicht zu Fehlern bei der Datenmigration kommt.

Im abschließenden **vierten Schritt** wurde das System durch die jeweiligen Benutzer 5 Woche lang getestet, um die Funktionsfähigkeit der Kernprozesse zu überprüfen. Nach Durchführung der Tests konnte dann das Testsystem in das Lifesystem per Knopfdruck überführt werden.

Insgesamt benötigte die CSV GmbH für die Einführung der „SAP by Design"-Lösung inklusive der erforderlichen Datenmigration lediglich 6 Wochen. Insbesondere durch die sehr kurze und einfache Implementierung unterscheidet sich dieses System stark von der Einführung einer SAP R3-Lösung.

Erzielte Effekte

Den größten Effekt durch die Einführung von „SAP by Design" erzielte die CSV GmbH durch die sehr hohe Transparenz über alle wirtschaftlichen Kenngrößen zur Unternehmenssteuerung. Es besteht nun die Möglichkeit zu jedem Zeitpunkt Detailinformationen auf Projekt- oder Mitarbeiterebene auszuwerten und so die wirtschaftliche Situation permanent transparent zu haben. Ermöglicht wird dies durch die Tatsache, dass vom ersten Vertriebskontakt bis zur finalen Rechnungslegung sämtliche Informationen über ein System erfasst und verarbeitet werden. Diese Daten stehen „real time" zur Verfügung.

Zusätzlich hierzu kam es zu einer deutlichen Steigerung der Prozess- und Datenqualität. Das Stellen einer falschen Rechnung ist quasi ausgeschlossen. Die Dokumentation der erbrachten Projektleistungen war fehlerfrei und manuelle Prozesse bei der Mehrfacheingabe von Kundenstammdaten konnten vollständig eliminiert werden. Insgesamt konnte bei gleichem Dateneingabeaufwand wie beim alten System eine deutlich bessere Konsistenz der Daten erzielt werden.

Ein weiterer Vorteil lag in der einfachen Möglichkeit mit mobilen Endgeräten (z.B. Tablet PC, Laptop) auf das System zuzugreifen. War in der Vergangenheit eine Statusabfrage von Rechnungen oder Projekten nur möglich, wenn jemand im Büro am Desktop saß, kann nun jeder Mitarbeiter seinem Kunden direkt die benötigten Informationen zukommen lassen. Dieser Geschwindigkeits- und Kompetenzgewinn zahlt sich insbesondere bei der Gewinnung neuer Kunden für die CSV GmbH aus.

Lessons Learned

Aus Sicht der CSV GmbH ist „SAP by Design" ein optimales ERP-Tool aus der Cloud für den Mittelstand. Es kombiniert das Prozess Know-how und die hohe Integration einer SAP-Lösung mit der einfachen Implementierung und Konfiguration einer Cloudlösung. So konnte die CSV GmbH auf die gesamte Prozessexpertise dieser Lösung zurückgreifen und die Administrationsprozesse automatisieren.

Auch die Kosten für diese Lösung sind im Rahmen des Budgets eines mittelständischen Unternehmens. So kann ein Unternehmen diese Lösung bereits für 850 EUR pro Monat einsetzen (1 Gesamtlizenz für 133 EUR p.m sowie 9 reine CRM-Lizenzen für 79,5 EUR p.m.), ohne hierfür in Software und Hardware Infrastruktur zu investieren.

Allerdings gab es zu Beginn der Nutzung zwischenzeitig technische Probleme: so war das Rechnungslegungsmodul temporär nicht verfügbar. Diese Probleme konnten aber schnell abgestellt werden und sind seitdem nicht mehr aufgetreten.

Aufgrund der positiven Erfahrungen mit „SAP by Design" überprüft die CSV GmbH nun weitere Dienste in die Cloud zu legen. Diese Überlegungen sollen gestartet werden, wenn ein Wechsel in der Hardware-Infrastruktur konkretisiert wird.

Die Hürde Datensicherheit gab es aus Sicht der CSV GmbH nicht. Die Sicherheitsstandards, welche bei „SAP by Design" zur Verfügung gestellt werden, erfüllen die höchsten Anforderungen und werden permanent auf dem neusten Stand gehalten.

4.5 Einführung einer Managed-Mobility-Lösung beim Außendienst der EUROGRAPHICS AG

Die EUROGRAPHICS AG ist ein Unternehmen, das als Produzent von Wand- und Raumdekoration auftritt und sich als Partner für den Handel etabliert hat. Als Marktführer in Europa und eines der erfolgreichsten Unternehmen in diesem Marktsegment weltweit, ist EUROGRAPHICS AG permanent auf der Suche, seine Abläufe effizienter und effektiver zu gestalten. Zur nachhaltigen Produktivitätssteigerung des Außendienstes wurde eine auf dem Apple iPad basierende Managed-Mobility-Lösung eingeführt. Die gemachten Erfahrungen bei der Auswahl und Implementierung dieser Lösung wurden gemeinsam mit dem Geschäftsführer besprochen und sind im Folgenden ausgeführt.

Unternehmensvorstellung
Die EUROGRAPHICS AG ist als innovativer Konzeptanbieter, Dienstleister und Produzent im Bereich moderner Wand- und Raumdekoration der führende Partner für den Handel in Europa. Kernpartnersegmente sind Einrichtungshäuser, Baumärkte und Versandhändler.

Vom klassischen Kunstdruck bis hin zum modernen Glas- oder Metallbild bietet EUROGRAPHICS AG ein vielseitiges Sortiment im Bereich Interior Design. Die Kollektionen und Produkte werden in Zusammenarbeit mit namhaften Künstlern und Experten nach aktuellen Farb- und Wohntrends entwickelt. Mit neuen Produktionsverfahren sowie innovativen Ideen für Präsentation und Vermarktung setzt die EUROGRAPHICS AG Standards am Markt.

Zu den Kernkompetenzen von EUROGRAPHICS zählen Trendstärke, hohe Qualität, ein ausgezeichnetes Preis-Leistungsverhältnis, sehr guter Service und Liefertreue. Weltweit ist das Unternehmen EUROGRAPHICS AG, das über das größte Bilderlager in Europa verfügt, in über 60 Ländern entweder direkt vor Ort vertreten oder beliefert gemeinsam mit zuverlässigen Handelspartnern die wichtigsten Verkaufsflächen im Bereich Wanddekoration.

Damit steht den Kunden von EUROGRAPHICS AG ein Leistungspaket aus einer Hand zur Verfügung. Ein dichtes Vertriebsnetz sowie ein zuverlässiger Kundenservice bietet kompetente Unterstützung und Betreuung.

EUROGRAPHICS AG ist damit zum „Rund-um-Partner" für seine Kunden geworden. Weltweit beschäftigt das Unternehmen, das seinen Hauptsitz in Neutraubling in Bayern hat, derzeit über 200 Mitarbeiter.

Ausgangslage

Im Jahre 2002 stand die EUROGRAPHICS AG vor einer grundlegenden Veränderung. Der Außendienst, welcher die Zielkunden Möbel- und Baumärkte mit Kunstdrucken und gerahmten Bildern versorgte, erfasste nach wie vor die Bestellungen handschriftlich und sendete diese am Abend aus dem Home Office per Fax in die Zentrale. Dort wurden die Aufträge erfasst und ausgeführt. Diese Vorgehensweise hatte zwei erhebliche Nachteile. Zum einen war die Auftragserfassung sehr ineffizient und fehleranfällig. Die handschriftliche Erfassung führte zu einer erhöhten Fehlerquote. Durch die anschließende Versendung per Fax und Eingabe durch einen Mitarbeiter in der Zentrale ergab sich eine weitere Fehlerquelle bei der Auftragserfassung, welche zusätzlich noch zu Rückfragen der Zentrale an den Außendienst führte. Zum anderen wurden die Daten zweimal erfasst, worunter die Effizienz des Prozesses litt.

Der entscheidendere Nachteil dieser Lösung lag jedoch in der unzureichenden Aussteuerung des Außendienstes in Bezug auf seine Kunden. So haben Einkäufer eines Einrichtungshauses teilweise eine Einkaufsverantwortung für über 40.000 unterschiedliche Artikel. Aufgrund dieser hohen Komplexität können Einkäufer oftmals nicht über Detailkenntnisse jeder Produktkategorie verfügen. Sie erwarteten deshalb eine starke informative Unterstützung seitens des Außendienstes der Lieferanten. So oblag die Auswahl der im Baumarkt auszustellenden Kunstdrucke, der Entscheidung des Außendienstes der EUROGRAPHICS AG. Da der EUROGRAPHICS AG keine Abverkaufszahlen des Handels auf Einzelproduktebene (in diesem Falle des einzelnen Druckmotives) zur Verfügung standen, traf jeder Außendienstler die Entscheidung basierend auf der subjektiven Präferenz. Hierdurch ergab es sich, dass je nach Außendienstler unterschiedliche Kunstdrucke im Fokus der Positionierung in den betreuten Möbelgeschäften und Baumärkten standen. Diese unterschiedlichen Präferenzen wurden durch unterschiedliche regionale Nachfragen durch den jeweiligen Außendienstler erklärt. Hierdurch ergaben sich stark unterschiedliche Abverkaufserfolge in den jeweiligen Märkten.

Durch die marktdominierende Position von EUROGRAPHICS AG im Kunstdruckmarkt erkannte das Unternehmen im Nachhinein, welche Produkte sich besonders gut verkaufen ließen. Dieses Feedback konnte aber erst zu spät für die Steuerung des Außendienstes genutzt werden. Auf Grund der schnelllebigen Designtrends war eine Steuerung im Vorfeld quasi nicht möglich.

Um von einer subjektiven Auswahl des Außendienstes zu einer objektiveren Entscheidung zu gelangen, entschied das Unternehmen 2002 sämtliche Außendienstler mit einem Laptop und einem Scanner auszustatten. So konnte der Außendienstler bei jedem Händlerbesuch die vorhandene Ware per Scanner erfassen und über einen Abgleich mit der gelieferten Ware die Abverkäufe auf Einzelmotivebene erfassen. Über die Abverkaufszahlen erhielt der Außendienstler dann einen Vorschlag für die zu priorisierenden Motive und konnte direkt den Auftrag im System erfassen. Diese Aufträge wurden per ISDN-Modem am Abend in die Zentrale übermittelt. Durch die Einführung und kontinuierliche Verbesserung dieser Lösung konnten die Absätze jedes Jahr um mehr als 10% gesteigert werden.

Im Jahr 2005 professionalisierte die EUROGRAPHICS AG ihre ERP-Lösung. Um weiterhin die händlerspezifischen Daten erfassen zu können, wurde ein Mobile Client von SAP auf die Notebooks gespielt. Zur Arbeitserleichterung für den Außendienst wurde der

Scanner nochmals optimiert, um eine einfachere Barcodeerfassung zu ermöglichen. In den Jahren 2008/2009 stellte sich heraus, dass durch die Umstellung auf die professionelle ERP-Lösung die Laptops über die Zeit sehr langsam wurden. Durch das Hochladen der erforderlichen sehr umfangreichen Datenbank dauerte der Start des Rechners zwischen 5-10 min. Auf Grund der kontinuierlichen Produkterweiterung war abzusehen, dass der Umfang der Datenbank weiter zunehmen würde. Dieser lange Startvorgang des Rechners ging zur Lasten der Arbeitszeit des Außendienstes und schmälerte die Akzeptanz dieser Lösung erheblich. Auch hinsichtlich des Scanners herrschte zu diesem Zeitpunkt eine Unzufriedenheit vor. Der Scanner, welcher den Formfaktor eines Smartphones hatte, war immer noch groß und unhandlich. Der Formfaktor wurde gewählt, um über den Bildschirm des Scanners die gescannte Ware nochmals überprüfen zu können und diese anschließend auf das Notebook zu übertragen. Insgesamt wurde diese technische Infrastruktur kritisch bewertet und es wurde eine benutzerfreundlichere Lösung gefordert.

Mit dem Aufkommen der Tablet PCs, entschied sich die Unternehmensleitung die Einführung des Apple iPads für die Automatisierung der Außendienstprozesse zu evaluieren. Einhergehen sollte dies mit einer Überprüfung eines neuen Scannerkonzeptes, des erforderlichen Sicherheitskonzepts und einer innovativen Mobile-Device-Management-Lösung.

Lösungsansatz und Implementierung

2010 begann die EUROGRAPHICS AG die Suche nach einer alternativen Lösung für die Unterstützung des Außendienstes. Um Startvorgang für die ERP-Lösung zu beschleunigen, wurde ein möglicher von Einsatz Tablet PCs erwogen. Diese boten der EUROGRAPHICS AG ein ausreichend großes Display bei gleichzeitigem Hochlaufverhalten eines Smartphones. Bei der weiteren Marktanalyse stieß die EUROGRAPHICS AG auf das Unternehmen Siller AG, welches sich auf das Mobilisieren der IT spezialisiert hatte und mit der Lösung „Siller SalesBook" eine aus Sicht der EUROGRAPHICS AG bereits sehr gut ausgereifte Lösung zur Automatisierung der Vertriebsprozesse anbot. Gemeinsam mit der Siller AG wurde dann 2011 die Mobilisierungslösung gemeinsam erarbeitet und implementiert.

Die Managed-Mobility-Lösung bestand aus 5 Lösungskomponenten

- iPad von Apple als Hardware,

- „Siller SalesBook" als Software auf den iPads,

- Innovativer Scanner der Firma Socket,

- Middleware zur Integration ins ERP-System,

- Device-Management-Lösung Tarmac des Unternehmens Equinux.

Die iPads von Apple ersetzen aktuell die Laptops für den Außendienst. Ein langwieriges Hochfahren des Betriebssystems kann entfallen, die Akkuleistung ist ausreichend für den Arbeitsalltag und das Display ist groß genug für den Einsatz vor dem Kunden. So werden die Geräte neben der Auftragserfassung auch für die Kundenpräsentation genutzt. Aus der Kundenpräsentation können sofort die Bestückungsempfehlungen aufgezeigt sowie die direkte elektronische Auftragserfassung gestartet werden. Die erfassten Aufträge werden dann automatisch über eine Internetverbindung via UMTS oder W-LAN in die Zentrale gesendet.

Durch die Siller SalesBook-Lösung steht dem Außendienst eine Softwarelösung zur Verfügung, welche das iPad zum integrierten Vertriebstool macht und die oben aufgeführten Funktionen ermöglicht. Auch wird hierdurch der Zugriff auf die Produktdatenbank ermöglicht. Zusätzlich erhält der Außendienst CRM-Funktionalitäten wie Kundenstammdaten, Abverkaufszahlen und Besuchsinformationen. Als Zusatzfunktion kann der Außendienst bei verfügbarer Zeit (wenn z.B. Termine frühzeitig beendet wurden) überprüfen, ob sich weitere potentielle Kunden in der Nähe seines aktuellen Ortes befinden, die er dann besuchen könnte. Die grafische Benutzeroberfläche stellt mit Kartenmaterial eine visuell eingängliche und praxistaugliche Darstellung zur Verfügung.

Auf Grund des Displays des iPads konnte auf ein Display beim Scanner vollständig verzichtet werden, wodurch dieser deutlich kleiner als in der Vergangenheit ausfallen konnte. Die aktuelle Version der Firma Socket weist lediglich die Größe einer kurzen Zigarre aus und lässt sich einfach und ergonomisch durch den Außendienst bedienen.

Zwecks automatisierter Einspielung der Aufträge vom iPad in das ERP-System wurde eine Middleware-Lösung eingesetzt. Die Integration von Siller SalesBook auf dem iPad mit dem ERP-System erfolgte durch die Firma Siller.

Um die Sicherheit bei der Nutzung der iPads zu gewährleisten, wurde eine Device-Management-Lösung der Firma Tarmac eingesetzt. Diese Lösung, welche bereits für wenige EUR pro Monat pro Nutzer zur Verfügung gestellt werden konnte, ermöglicht es selbst entwickelte Applikationen zentral dem Außendienst zur Verfügung zu stellen, die iPads im Falle eines Diebstahls oder Verlusts des Geräte auszuschalten und sämtliche Daten Remote zu löschen (kill and wipe) sowie ein Reset und Neubetankung des Gerätes aus der Zentrale heraus durchzuführen.

Durch diese unterschiedlichen Lösungskomponenten steht dem Außendienst eine innovative und stylische Lösung zur Verfügung, welche ihn optimal am POS unterstützt und die Daten ohne Medienbrüche direkt ins ERP-System einspielt.

Die Implementierung der Lösung erfolgte in 5 aufeinander aufbauenden Schritten. Im **Schritt 1** wurden innerhalb von zwei Wochen gemeinsam mit dem Außendienst der EUROGRAPHICS AG und Beratern der Siller AG Händlerbesuche durchgeführt. Ziel war es vor Ort eine detaillierte Prozessaufnahme mit Stärken und Schwächen der aktuellen Lösung sowie Anforderungen des Außendienstes und des Händlers aufzunehmen. Im **Schritt 2** wurden im Rahmen von einer Workshopreihe über 4 Wochen hinweg die erforderlichen Systemspezifikationen erarbeitet sowie der zu bauende Prototyp beschrieben. **Im Schritt 3** wurde der Prototyp entwickelt und stand nach zwei Monaten der EUROGRAPHICS AG zur Verfügung. Dieser Prototyp umfasste neben der mobilen Lösung, auch die Integration über die Middleware ins Backend-System der Unternehmung sowie das Aufsetzen der Device-Management-Lösung. Dieser Prototyp wurde dann über einen Zeitraum von 6 Wochen im **Schritt 4** umfassend durch Pilotkunden getestet. Im **Schritt 5** wurden sämtliche Erfahrungen und Feedbacks von Händlern und Außendienstmitarbeitern in die finale Lösung eingearbeitet und in die Fläche ausgerollt. Für die Anpassungen und den Rollout wurden nochmals 6 Wochen benötigt. Die gesamte Umsetzung dieser Mobilisierungslösung betrug vom ersten Händlerbesuch bis zum finalen Rollout 7 Monate. Durch die Vergabe an die Siller AG als alleinigen Dienstleister für die mobile Lösung sowie für die Integration ins Backend konnte das Projekt schnell und kostengünstig umgesetzt werden und hatte nur geringfügige Abweichungen zum ursprünglichen Zeitplan.

Erzielte Effekte

Insgesamt führte die Mobilisierung der IT für die EUROGRAPHICS AG, welche bereits 2002 mit der Einführung der Laptops und der integrierten Scannerlösung begann, zu einer nachhaltigen Produktivitätssteigerung und damit verbundenen Absatzsteigerung beim Außendienst.

Durch die Einführung der neuen Lösung ergaben sich aus Sicht der EUROGRAPHICS AG weitere Vorteile, wodurch die Produktivität des Außendienstes nochmals gesteigert werden konnte. So bekommt der Einkäufer des Händlers durch die optisch angenehme Darstellung der Produkte auf dem iPad einen bessere Übersicht über das Angebotsportfolio und setzt sich hierdurch nachhaltiger mit den Produkten auseinander. Durch die „SalesBook"-Lösung der Siller AG kann der Außendienst direkt zwischen Produktpräsentation und Produktbestellung wechseln und so einfach für den Händler die Aufträge erfassen und anschließend per mobiler Datenlösung (UMTS oder W-LAN) versenden. Neben den Vorteilen im direkten Gespräch mit dem Einkäufer, bietet diese Mobilisierungslösung noch die Möglichkeit bei freier Vertriebszeit, wenn eine Termin kürzer war oder gar ausgefallen ist, Händler, die besucht werden, visuell anzuzeigen und deren Kundendaten herunterzuladen. Hierdurch erhält der Außendienst die Möglichkeit, seine Produktivität nachhaltig zu erhöhen und freie Zeit zwischen Terminen optimal zu nutzen.

Auf Grund der GPS- und Tracking-Funktion beim iPad, welche vor allem genutzt wird, um beim Diebstahl oder Vergessen/Verlegen des iPads dieses wieder ausfindig zu machen, und der integrierten Logbuchfunktion können die Routen der Mitarbeiter im Nachhinein optimiert werden. Hierdurch ergibt sich die Möglichkeit, Außendienstmitarbeiter in der Routenplanung zu coachen und daraus auch Hinweise zu geben, mit gleichem Zeitaufwand mehr Leistung für sich selbst und das Unternehmen zu generieren.

Hierbei ergab sich ein sehr positiver Nebeneffekt der Auswahl des iPads als genutztes Endgerät. So führen im Allgemeinen eine engere und transparentere Steuerung und die Möglichkeit des Trackings des Außendienstes häufig zu einer Ablehnung der bereitgestellten Lösung. Das Gefühl, permanent überprüft zu werden, sorgt in vielen Fällen dafür, dass die bereitgestellten Lösungen nicht oder unzureichend genutzt werden. Durch das imageträchtige Endgerät des Apple iPads, welches die Außendienstler auch privat nutzen dürfen, wurden die negativen Nebeneffekte überstrahlt und eine umfassende Nutzung erzielt.

Die EUROGRAPHICS AG konnte durch die Mobilisierung der IT ihres Außendienstes dessen Produktivität nachhaltig verbessern und so die Absätze steigern. Der Nutzen, der durch diese Lösung entsteht, übersteigt die Investition um ein Vielfaches. Für EUROGRAPHICS AG war die Mobilisierung der IT einer der wichtigsten Unternehmensentscheidungen der Vergangenheit. In Zukunft wird diese Lösung weiter systematisch ausgebaut.

Lessons Learned

Insgesamt führte die Mobilisierung der IT für den Außendienst der EUROGRAPHICS AG zu einer deutlichen Verbesserung. Drei Punkte sind dabei besonders herauszuheben:

- Offenheit für den Einsatz neuer Technologien zur Optimierung von Unternehmensprozessen.

- Auswahl einer Ende zu Ende Implementierung der Managed-Mobility-Lösung.

- Auswahl innovativer und attraktiver Hardware, die die Akzeptanz der eingesetzten Lösung beim Außendienst sicherstellt.

Der EUROGRAPHICS AG war es bewusst, dass neue Technologien stets Veränderungen bewirken und diese Veränderungen auch Risiken bergen können. Die Mobilisierungstechnologien mit Smartphones und Tablet PCs sind aber aus Sicht der EUROGRAPHICS AG bereits dermaßen ausgereift, dass dem Einsatz im Unternehmen grundsätzlich nichts mehr entgegensteht. Mit diesen Lösungen lassen sich erhebliche Verbesserungen in der Produktivität der Mitarbeiter erzielen. Eine zu starke Sorge vor den möglichen Risiken kann demgegenüber zu deutlichen Wettbewerbsnachteilen im Markt führen.

Entscheidend für die reibungslose Implementierung der Lösung erschien der EUROGRAPHICS AG die Auswahl eines Partners für die Implementierung der Managed-Mobility-Lösung auf den iPads sowie der Integration der Lösung über die Middleware ins ERP-System. Es hätte auch die Möglichkeit bestanden diese beiden Arbeiten in getrennte Hände zu geben, dies hätte jedoch den Abstimmungsaufwand und die damit verbundene Komplexität erheblich erhöht.

Entscheidend für die anschließende Akzeptanz der Lösung bei den Außendienst Mitarbeitern war die Auswahl der iPads von Apple. Bedingung für den Erhalt der Hardware und der Möglichkeit, diese auch privat zu nutzen, war die Freigabe der Erfassung von Bewegungsdaten durch den Mitarbeiter. Obwohl der Außendienst nun mit maximaler Transparenz geführt werden kann und sich hierdurch weitere Optimierungspotentiale für die Steuerung ergeben, erfreut sich die Lösung höchster Beliebtheit bei den Mitarbeitern. Durch die hohe Benutzerfreundlichkeit und die Möglichkeit der privaten Nutzung ist die Managed-Mobility-Lösung auf Basis iPad in Kombination mit der Siller SalesBook aus dem Arbeitsalltag der EUROGRAPHICS AG nicht mehr wegzudenken.

4.6   Einführung einer Business Social-Media-Plattform bei der BEWAG

Das österreichische Versorgungsunternehmen BEWAG hat sich das Ziel gesetzt, die kreativen Potentiale der Belegschaft stärker zu erschließen. Hierbei sollte die Einführung einer Business Social-Media-Plattform helfen, die das bestehende statische Intranet ablösen sollte. Im Rahmen eines Interviews mit dem zuständigen Projektverantwortlichen für die Einführung der Plattform wurden die im Folgenden dokumentierten Erfahrungen beschrieben.

Unternehmensvorstellung

Die BEWAG ist als Burgenländische Elektrizitätswirtschafts- Aktiengesellschaft ein klassisches Energieversorgungsunternehmen in Österreich. Das Unternehmen erzeugt, verteilt und verkauft Energieleistungen an über 150.000 Kunden im Burgenland. Die über 1.000 Mitarbeiter sind auf 7 Standorten verteilt und erwirtschaften einen Umsatz von knapp 290 Mio. EUR p.a. Die BEWAG positioniert sich als innovativer Dienstleister.

Zu der Positionierung als innovativer Dienstleister zählt insbesondere die konsequente Ausrichtung auf ökologisch erzeugten Strom. So ist die BEWAG mit ihrer Tochter Austrian Wind Power der mit Abstand größte Ökostromproduzent (138 Windenergieanlagen mit 242 MW Leistung im Burgenland) in Österreich. Dabei ist die BEWAG Partner des Landes Österreich bei der Umsetzung der Strategie „2013", mit dem Ziel, so viel Strom aus erneuerbaren Energien zu erzeugen, wie im Land verbraucht wird. Aber auch das Thema E-Mobilität wird als zukünftiges Geschäftsfeld besetzt. Unter dem Namen „ElectroDrive Burgenland" wurde in 2010 der Betrieb aufgenommen. Es ist geplant, auch künftig den Ausbau der Infrastruktur für E-Mobility im Burgenland voranzutreiben.

Auch die innovativen Kommunikationstechnologien des Web 2.0 bzw. Enterprise 2.0 sind für die BEWAG ein wichtiges Thema. Um die Möglichkeiten, welche das Internet als Kommunikationsplattform liefert, in der internen Kommunikation optimal zu nutzen, setzte die BEWAG eine Business-Social-Media Plattform der Firma Jive ein und konnte eine Vielzahl von Erfahrungen bei der Auswahl und Implementierung dieser Lösung sammeln.

Ausgangslage

Gestartet wurde das Projekt Web 2.0 durch den Vorstandsvorsitzenden der BEWAG. Dieser unternahm 2007 eine Geschäftsreise in die USA und besuchte dabei einige High-Tech-Firmen. Besonders begeistert war er von CISCO und deren Nutzung der Sozialen Netzwerktechnologie für die Kommunikation der Mitarbeiter untereinander.

Aus dieser Reise entstand der Auftrag sämtliche Prozesse in Hinblick auf die Optimierungsmöglichkeiten, welche die Web 2.0-Technologie ermöglicht, zu überprüfen. Es stellte sich heraus, dass die Möglichkeiten der Web 2.0-Technologie sich ideal für die interne Nutzung der BEWAG zur Vernetzung der Mitarbeiter, Steigerung der interaktiven Zusammenarbeit und automatisiertes Suchen und Ablegen von Informationen eigneten.

Das zum damaligen Zeitpunkt genutzte Intranet, hatte eher einen statischen Charakter und wurde nur im geringen Maße genutzt. Die Zusammenarbeit der Mitarbeiter erfolgte im Wesentlichen über E-Mail-Kommunikation und der Arbeitsfortschritt wurde nur unzureichend dokumentiert. Auch das bei den Mitarbeitern vorliegende Know-how stand nicht transparent zur Verfügung.

So gelangte der Vorstand im Frühjahr 2008 zum Entschluss, zur Verbesserung der internen Kommunikation und Zusammenarbeit der Mitarbeiter eine Business Social-Media-Plattform bei der BEWAG einzuführen. Diese Plattform sollte dafür sorgen, dass sich die Mitarbeiter vernetzen und gemeinsam an Problemlösungen arbeiten. Sie sollte das Wissen, welches bereits vorhanden ist, transparent machen und hierdurch die Produktivität der Mitarbeiter nachhaltig steigern.

Lösungsansatz und Implementierung

Gestartet wurde der Auswahlprozess durch das Projektteam im Juni 2008 mit einem Request for Information (RFI), welcher an 5 Anbieter versendet wurde. Nach einer ersten Priorisierungsrunde wurden im Juli desselben Jahres die 4 am besten positionierten Anbieter für einen Request for Proposal (RFP) ausgewählt.

Diese Ausschreibung konnte die Jive-Plattform für sich entscheiden, da sie in relevanten Punkten den anderen Lösungen aus Sicht der BEWAG überlegen schien. Die wesentlichen Vorteile, welche aus der BEWAG Sicht für die Jive-Plattform sprachen, waren:

- Hohe Benutzerfreundlichkeit,

- hohe Integration der Einzelkomponenten,

- schnelle Implementierbarkeit der Lösung.

Die Benutzerfreundlichkeit wurde im Rahmen von Nutzungstests durch das Projektteam festgestellt. Hier stellte sich heraus, dass die Jive-Plattform intuitiv benutzbar und die Handhabung leicht zu erlernen war. Auch Mitarbeiter ohne spezifische IT oder Social-Media-Kenntnisse waren schnell in der Lage eigene Dokumente einzustellen, das Profil zu bearbeiten und einen Blog zu erzeugen.

Die hohe Integration der Einzelkomponenten (z.B. personalisierte Intranetumgebung, Blogs, Profilverwaltung), ermöglichte eine große Anzahl von Business-Social-Media-Funktionalitäten ohne erheblichen Programmieraufwand. Auch die Möglichkeit der Selbstverwaltung und Weiterentwicklung der Lösung, wurde durch die hohe vorab Integration der Einzelfunktionalitäten sichergestellt.

Durch die hohe Integration der Lösung ergab sich ein weiterer klarer Vorteil der Jive-Lösung. Die Plattform konnte sehr schnell implementiert werden. So wurde im September 2008 mit der Umsetzung begonnen und bereits im Dezember konnte die erste Version der Business-Social-Media-Plattform mit einer Integration in die bestehenden IT-Systeme ihr „Go Live" feiern.

Die ausgewählte Lösung von Jive (2.5 Plattform) umfasste 4 wesentliche Lösungsbereiche.

Kernpunkt war der Bereich **„My Intranet"**: Hier konnte jeder Mitarbeiter sich seine personalisierte Startseite ins Intranet der BEWAG zusammenstellen. Des Weiteren wurden die Informationen aus den Bereichen IT, Personalwesen und Betriebsrat im Rahmen eines dezentralen Content Managements zur Verfügung gestellt und zeitnah durch die verantwortlichen Bereiche aktualisiert. Ein zentrales Content Management konnte dadurch entfallen.

Der Schwerpunkt des zweiten Lösungsbereichs, des **„Insiders"**, lag auf der Vernetzung der Mitarbeiter. Hier wurde für jeden Mitarbeiter ein Profil angelegt, welches die Basisinformationen wie Abteilung und Kontaktdaten enthielt. Dieses Profil sollte durch die Mitarbeiter weiter gepflegt werden, so dass über die Zeit ein transparentes Know-how-Profil inklusive der bereitgestellten Dokumente und Kommentare jedes Mitarbeiters zur Verfügung stehen würde. Des Weiteren wurde gezielt Wert darauf gelegt, dass neben den geschäftlichen Themen wie dem „Energiesparen" oder „Ökostrom" auch gezielt Themen, welche in den Privatbereich gingen, im Rahmen des „Insiders" diskutiert wurden. Hierzu zählen das interne Fitnessprogramm, aber auch Events und Veranstaltungen im Burgenland.

Der dritte Bereich setzte den Schwerpunkt auf die Zusammenarbeit der Mitarbeiter. Im „WiKi" der BEWAG konnten die Mitarbeiter gemeinsam an Projekten arbeiten. Die Dokumente konnten hier für jeden transparent eingestellt, verwaltet und kommentiert werden. Auch das Projektmanagement wurde durch diese Lösung unterstützt, so dass die frühere E-Mail-Kommunikation entfallen konnte.

Im vierten Bereich, dem „I-Blog", konnten Führungskräfte ihren eigenen Blog erstellen und hierarchiefrei mit Mitarbeitern aus dem eigenen oder fremden Ressort Themen diskutieren. Hierdurch sollte das hierarchieübergreifende Zusammenarbeiten nachhaltig gefördert werden.

Die Implementierung erfolgte, wie bereits erwähnt, in einem Zeitraum von 4 Monaten. Grob wurde die Implementierungsphase in zwei Abschnitte unterteilt. Im Rahmen der ersten 4-5 Wochen wurde eine Beta-Version der Ziellösung entwickelt und in einem Zeitraum von 14 Tagen umfassend durch Beta User getestet. Diese Beta-Tester wurden aus unterschiedlichen Bereichen der Unternehmung rekrutiert und erhielten klare Vorgaben für Geschäftsvorfälle und Arbeitspakete. Die Erfahrungen aus dem Betatest wurden dann bis zum „Go Live" in den folgenden 4-5 Wochen umgesetzt.

Unterstützt wurde die Implementierung durch umfassende Kommunikations- und Trainingsmaßnahmen für die Mitarbeiter. So wurden frühzeitig Kommunikationsplakate bereitgestellt und Post Its verteilt, welche die Mitarbeiter auf die neue Lösung vorbereiteten. Des Weiteren standen 4 Web Coaches, junge Social Media affine Studenten, für einen Zeitraum von 4 Wochen zur Verfügung, um die frühe Nutzung durch die Mitarbeiter zu verstärken. Die Web Coaches wurden zwei Wochen vor dem „Go Live" eingestellt, um sich frühzeitig mit der Lösung und der Philosophie, welche mit ihr verfolgt wird, auseinander zu setzen. Die anschließenden zwei Wochen nach dem „Go Live" wurden genutzt, um pragmatisch die Mitarbeiter vor Ort bei konkreten Anwendungsfällen zu unterstützen.

Auch die Schulung der Mitarbeiter wurde sehr konsequent umgesetzt. Jeder der adressierten 800 potentiellen Nutzer erhielt die Möglichkeit, an einer zweistündigen Informationsveranstaltung teilzunehmen und die einfache Bedienung der Plattform zu erlernen. Insgesamt konnten durch die Schulungsmaßnahme über 300 Mitarbeiter erreicht werden.

Besonderer Wert wurde bei der Implementierung auf die Dezentralität der Umsetzung gelegt. So wurden sämtliche Schulungen in allen 7 Standorten angeboten. Auch die Web Coaches sind gezielt in alle Standorte gereist, um sich den Fragen der Mitarbeiter zu stellen. Hierdurch sollte nochmals die Bedeutung der dezentralen Nutzung dieser Lösung unterstrichen werden.

Bei der Erstimplementierung, welche stark durch externe Berater unterstützt wurde, baute man internes IT Know-how auf. Dieses interne Know-how umfasste sowohl die technische Integration in die bestehende IT-Infrastruktur, als auch die „Single-Sign-On"-Fähigkeit des Systems sowie das Layout der Seiten. Insgesamt ist bei der BEWAG ein Team von 7 Mitarbeitern mit dem Betrieb und der Anpassung der Lösung beschäftigt. Auf externe Ressourcen konnte nach der ersten Vollimplementierung dadurch vollständig verzichtet werden.

Mit der Implementierung der Jive 2.5-Plattform mit ihren vier Lösungsbereichen wurden die folgenden fünf Ziele angestrebt:

- Bereiche und Standorte im Unternehmen verknüpfen, um hierdurch den Gedankenaustausch zwischen den Bereichen zu steigern und ein „Wir Gefühl" bereichs- und abteilungsübergreifend im gesamten Unternehmen zu erzeugen.

- Dokumentation des Know-how-Hintergrunds der Mitarbeiter, um das vorhandene Wissen der Experten im Unternehmen transparent zu machen, Wissen zu digitalisieren und die Möglichkeit des schnellen Lernens von Kollegen zu fördern.

- Förderung der gemeinsamen Problemlösung, um einfacher, schneller und effektiver in bereichsübergreifenden Teams zu arbeiten und den Arbeitsfortschritt und die erarbeiteten Ergebnisse transparent und überall verfügbar zu dokumentieren.

- Vereinfachung der Suche nach Informationen, um das Rad nicht jedes Mal neu zu erfinden und schneller und einfacher an Lösungen von Problemen zu gelangen.

- Steigerung der Kommunikation zwischen Führungskräften und Mitarbeitern, um hierarchieübergreifenden Informationsaustausch und Zusammenarbeit zu stärken

Neben diesen qualitativen Zielen gab es auch Erwartungen an konkrete Verbesserungen beim Suchen und Ablegen von Informationen im Rahmen der Projektarbeit. Hierbei sollten die Zeiten nachhaltig gesenkt werden, wodurch sich die Produktivität der Mitarbeiter erhöhen sollte (gemessen in Arbeitsaufwand pro Tag). Des Weiteren sollte durch die Dezentralisierung des Content Managements die Kommunikation beschleunigt und zentrale Stellen abgeschafft werden. Die IT und Personalabteilung sowie der Betriebsrat sollten das Contentmanagment in Eigenverantwortung übernehmen. Des Weiteren wurden erste Prozessoptimierungen mit der Jive-Plattform angestrebt. So sollte in einem ersten Schritt das Serviceteam für die Windkraftanlagen sämtliche Verwaltung und Dokumentation der Serviceaufträge über die Business-Social-Media-Platform durchführen, um so möglichst schnell aus den einzelnen Servicefällen zu lernen und nachhaltig Kosten einzusparen.

Erzielte Effekte

Trotz der umfassenden Vorbereitung bei der Einführung der Business-Social-Media-Platform, dem Trainingsaufwand und den Web Coaches, konnten die gesteckten Ziele nur zu einem geringen Anteil erzielt werden.

Nach dem „Go Live" kam es zu Beginn zu einer starken „Euphoriephase" mit steigender Nutzung und hoher Aktivität der Mitarbeiter. Diese wurde insbesondere durch die starke Unterstützung durch das Top Management erzielt. So wurden sämtliche Prozesse und Dokumente zu Jour-fixe-Terminen (inklusive des Top Gremiums der Konzernsteuerung) über die WiKi Funktion gemanaged. Die Top 20 Führungskräfte des Unternehmens starteten jeweils ihren eigenen Blog und fesselten die Mitarbeiter in Diskussionen.

Besonders starken Zuspruch erfuhr die Gruppenfunktion bei der Jive-Plattform. Diese wurde genutzt, um sich im Rahmen eines „virtuellen Besprechungsraum" auszutauschen und gemeinsame Dokumente zu managen. Die Gruppenfunktion hatte hierbei den Vorteil, dass für den Start einer Gruppe keine Zustimmung eines Vorgesetzten erforderlich war und somit ein starker dezentraler Informationsaustausch stattfand.

Leider kam es nach der 3-4 monatigen Euphorie Phase zu einem „Versanden" der Nutzung. Hierfür gab es je nach Lösungsbereich unterschiedliche Gründe. So scheiterte der „Insider" an der fehlenden Bereitschaft des mittleren Managements den Mitarbeitern Zeit für das Pflegen und Ergänzen der Profile zu geben. Die längerfristige Sicht, des Wissenstransfers und der Beschleunigung der Arbeitsabläufe wurde nicht gesehen.

Erfolgreich genutzt werden bei der BEWAG die offiziellen Bereiche des „My Intranet", in der die IT und Personalabteilung sowie der Betriebsrat ihre Informationen in Form eines dezentralen Content Managements bereitstellen. Hierbei wird der Funktion der Personalisierung nur selten genutzt, jedoch die Neuigkeiten unternehmensweit abgefragt. Auch die hierdurch erhöhte Aktualität der Informationen durch die dezentrale Generierung und Bereitstellung ist ein klarer Pluspunkt aus Sicht der Bereiche und der Nutzer.

Neben dem „My Intranet" wird auch die Gruppenfunktionalität sehr stark genutzt. So sind mittlerweile alle Mitarbeiter in mindestens einer Gruppe vertreten. Ca. 15% der Mitarbeiter nutzen diese Funktionalität aktiv zur Dokumentenablage und als Plattform für die Zusammenarbeit, obwohl diese Funktionalität nicht explizit im Vordergrund der ursprünglichen Kommunikation stand.

Die gesetzten Ziele und konkreten Verbesserung konnten aus Sicht der BEWAG auf Grund der geringen Nutzung der Funktionalitäten und der geringen Anzahl der aktiven Nutzer nicht erreicht werden. Hauptursache hierfür ist in der fehlenden Unterstützung durch das mittlere Management zu sehen.

Selbstverständlich hatte die Jive-Lösung zu Beginn auch technische Herausforderungen, wie Editoren Probleme oder der Verlust bereits eingepflegter Daten sowie das aufwendige Login auf Grund fehlender „Single-Sign-On"-Funktionalität. Diese technischen Probleme ließen sich aber schnell abstellen und führten nicht zu einer Nutzungsblockade der Mitarbeiter. Die Veränderungsbereitschaft insbesondere des mittleren Managements ist der kritische Gradmesser für die Erfolgswahrscheinlichkeiten bei der Einführung einer Business-Social-Media-Plattform. Der direkte Vorgesetzte entscheidet durch sein Vorleben, ob die Nutzung der Plattform, wie Teilnahme an Blogs, Updaten des eigenen Profils, Kommentieren von Teamdokumenten toleriert, gewünscht oder untersagt ist.

Für die erfolgreiche Implementierung einer Business-Social-Media-Plattform gilt daher, dass das gesamte Management der Unternehmung überzeugt ist, dass die aktive Nutzung keine Zeitverschwendung für die Mitarbeiter ist.

Lessons Learned

Die Einführung der Business-Social-Media-Plattform bei der BEWAG hat zwar nicht umfassend zu den erwarteten Effekte geführt, ist aber aus Sicht der BEWAG ein Schritt in die richtige Richtung. Insbesondere die umfassende Nutzung der Gruppenfunktionalität und das dezentrale Content Management der Bereiche IT, Personal und Betriebsrat hat die interne Kommunikation bei der BEWAG deutlich verbessert.

Aus diesem Grund steht für die BEWAG fest, dass an der grundsätzlichen Philosophie und den langfristigen Zielen, welche mit der Business-Social-Media-Plattform erreicht werden sollten, auf jeden Fall festgehalten wird. Die engere Vernetzung der Mitarbeiter und die Ausschöpfung des vollen Leistungspotentials durch das „transparent machen" von Wissen lässt sich nur durch die aufgezeigten Lösungsansätze realisieren.

Lediglich die Implementierung würde die BEWAG mit Hinblick auf die gemachten Erfahrungen anders gestalten. So stellte sich heraus, dass die hohe Anzahl der zur Verfügung gestellten Features (wie Blogs, Wiki, personalisiertes Intranet und Insider) die Mitarbeiter überforderte. Hier würde die BEWAG zukünftig eher einen gestaffelten Launch der einzelnen Lösungsbereiche durchführen. Dies hätte zum einen den Vorteil, dass die Mitarbeiter sich Stück für Stück mit den zur Verfügung gestellten Möglichkeiten auseinandersetzen können, zum anderen, dass man so über einen längeren Zeitraum positive Neuigkeiten zu der eingeführten Plattform an die gesamte Belegschaft kommunizieren kann.

Auch würde die BEWAG stärker die Gruppenfunktionalität nach vorne stellen. Hier haben die Mitarbeiter selbstständig die Möglichkeit zusammenzuarbeiten, ohne dass eine Führungskraft die Gruppe speziell bewilligen muss. Der virale Effekt der Business-Social-Media-Plattform würde die Nutzung nochmals verstärken.

Die größte Änderung würde die BEWAG aus heutiger Sicht im Umgang und bei der Einbindung der mittleren Führungskräfte machen. Diese müssen noch früher eingebunden werden, um sie hinter die Philosophie und Zielsetzung der Business-Social-Media-Plattform zu bekommen. Die mittleren Führungskräfte müssen bei der Umsetzung von der passiven Zuschauer Rolle in eine aktive Umsetzer Rolle gebracht werden. Idealerweise sollten sie am Erfolg oder Misserfolg der eingeführten Lösung partizipieren.

Erst wenn es gelingt die mittleren Führungskräfte in die Verantwortung zu bringen, die Lösung erfolgreich umzusetzen, kann diese umfassend durch die Mitarbeiter genutzt werden und so ihr volles Potential entfalten. Die Einführung einer Business-Social-Media-Plattform scheitert nicht an der Technologie, sondern an der Veränderungsbereitschaft der Mitarbeiter, insbesondere des mittleren Managements.

Handlungsempfehlungen für ICT-Nutzer und -Anbieter

5

Zur Nutzung von ICT-Lösungen gilt es sowohl aus Nutzer- als auch aus Anbietersicht die erforderlichen Voraussetzungen im Markt zu schaffen. Um hierzu zielgerichtete Handlungsempfehlungen abgeben zu können, werden im Folgenden diese nochmals nach Nutzersicht und Anbietersicht unterschieden und detailliert vorgestellt.

5.1 Handlungsempfehlungen für ICT-Nutzer

Aus den Untersuchungsergebnissen und Benchmark-Analysen lassen sich zahlreiche Handlungsempfehlungen für Unternehmen ableiten. Im Mittelpunkt stehen dabei, die Erfahrungswerte und Einschätzungen von Unternehmen zu nutzen, die sich mit ICT-Lösungen erfolgreich auseinandergesetzt haben. Gleichzeitig wird damit deutlich, welche Fehler Nutzer Idealerweise vermeiden sollten.

Die wichtigsten Empfehlungen für Nutzer sind in der nachfolgenden Aufzählung dargestellt. Dabei lassen sich die Handlungsempfehlungen in drei Kategorien aufteilen: Handlungsempfehlungen für (1) Planung und Implementierung, (2) Management und Mitarbeiter und (3) die Organisation.

1. Planung und schrittweise Implementierung zwecks reibungsarmer Einführung von ICT-Lösungen

- Ausnutzen von bestehenden Investitionszyklen zum Wechsel auf ICT-Lösungen,

- Entwicklung eines ICT-Entwicklungsplans,

- Schritt für Schritt Implementierung von ICT-Lösungen,

- Verknüpfung von Prozessoptimierung und ICT-Investment.

2. Intensive Einbindung von Management und Mitarbeiter

- Vorleben der ICT-Nutzung durch das Management,

- Intensive Qualifizierung der Mitarbeiter,

- Erlauben einer offenen Fehlerkultur bzw. „Ausprobiermentalität", Richtlinienkompetenz verabschieden und damit die Gefahr des „ICT-Wildwuchses" bannen.

3. Nachhaltige Veränderung der Organisation:

- Integration der verschiedenen Verantwortungsbereiche für Telekommunikation und Informationsverarbeitung in eine ICT-Abteilung mit neuem Rollenverständnis,

- Offenheit für Veränderungen im Unternehmen in Anlehnung an ICT-Lösungen,

- Insourcing der ICT-Management Kompetenz.

1. Planung und schrittweise Implementierung zwecks reibungsarmer Einführung von ICT-Lösungen

Ausnutzen von bestehenden Investitionszyklen zum Wechsel auf ICT-Lösungen

Bestehende Lösungen in der Telekommunikation und Informationsverarbeitung haben in vielen Unternehmen einen durchschnittlichen Nutzungszeitraum von 3-5 Jahren. Im Anschluss erfolgen Investitionen in neue Technologien und neue Lösungen. Zu dem Zeitpunkt des Auslaufens alter und der Aktivierung neuer Technologien und Lösungen erfolgt quasi ein natürlicher „Bruch" in der IT- und TK-Landschaft von Unternehmen. Diesen Zeitpunkt können Unternehmen gezielt ausnutzen, um von traditionellen Lösungen auf integrierte ICT-Lösungen umzusteigen. Ca. Ein Jahr vor dem Zeitpunkt sollten Unternehmen prüfen, welche Anwendungen beispielsweise in eine Cloud überführt werden können. Zu diesem Zeitpunkt beginnt der strategische Entscheidungsprozess für oder gegen die Einführung einer innovativen ICT-Lösung. Das Ergebnis dieser Überlegung ist in den ICT-Plan zu übertragen.

Kritisch für einen Systemwechsel können sehr unterschiedliche Laufzeiten von bestehenden Servern und Anwendungen (Lizenzen) sein. Das verhindert oder blockiert eventuell sogar die Umstellung. In diesem Fall sollte unter Abwägung von Vor- und Nachteilen ein optimaler Zeitpunkt zum Umstieg identifiziert werden. Zu berücksichtigen ist weiterhin bei der Umstellung auf eine für das Unternehmen kritische Masse zu kommen. Mit anderen Worten: es sollte eine ausreichende Anzahl von Arbeitsplätzen umgestellt werden, um von Anfang an die Bildung von ICT-Insellösungen im Unternehmen zu vermeiden. Hinsichtlich der Laufzeiten lässt sich feststellen, dass eine Harmonisierung der Laufzeiten anzustreben ist und sich damit Veränderungsprozesse leichter im Unternehmen realisieren lassen.

Entwicklung eines ICT-Planes

Erfahrungswerte zeigen, dass Unternehmen über einen strukturierten „ICT-Fahrplan" verfügen sollten. Dieser sollte einen Zeitraum von mindestens einem Jahr bis Idealerweise drei Jahren abdecken. Die Planung von Zeiträumen über drei Jahre hinaus wird angesichts der technischen Entwicklungen und daraus resultierenden Anwendungsmöglichkeiten ungenauer und berücksichtigt unzureichend neue Trends und Möglichkeiten. Abgeleitet aus einer Bedarfsanalyse ergeben sich die erforderlichen Entwicklungsschritte und Schwerpunktthemen für das Unternehmen. Typischerweise gelingt der ICT-Start mit Einstiegsthemen wie cloudbasierter Office- oder CRM-Anwendungen, anschließend werden individuellere Themen adressiert. Im Vordergrund der Planung steht damit die Erfassung folgender Fragestellungen: (1) welche Lösungen werden (2) zu welchem Zeitpunkt mit (3) welchen Investitionen geplant? Vorteil des Fahrplans ist es, die bestehende Organisations-struktur und die Mitarbeiter nicht zu überlasten. Hierbei sind zum Start weniger Lösungen oder Lösungsmodule mit begrenzten Funktionalitäten häufig mehr, um Mitarbeiter an das ICT-Thema heranzuführen.

Wichtig ist, die Planung zu verabschieden und im Unternehmen transparent zu machen. Auf diese Weise kann bereits im Vorfeld der Implementierung eine aktive Auseinandersetzung mit den zukünftigen Lösungen erfolgen, was sich positiv auf Akzeptanz und Nutzung nach der Implementierung auswirkt.

Schritt für Schritt Implementierung von ICT-Lösungen

Entsprechend des ICT-Plans sollte die Implementierung der Lösungen nicht per Stichtag, sondern Schritt für Schritt vorgenommen werden. Die umfassende Einführung von ICT-Lösungen per Stichtag führt zu bestimmten Nachteilen. Es besteht zum einen ein höheres funktionales Risiko und zum anderen die Gefahr, die Mitarbeiter bereits bei der Einführung der Lösung „zu verlieren". Damit steigt überproportional der Aufwand für Unternehmen, mögliche funktionale Fehler zu korrigieren und durch Schulungen die Akzeptanz der Mitarbeiter sicher zu stellen. Bewährt hat sich demgegenüber der Schritt für Schritt Ansatz. Dieser entspricht auch der Philosophie des ICT-Entwicklungspfades: „Einsteigen, Ausprobieren und systematisch Ausbauen." Wichtig ist dabei insbesondere den Mitarbeitern transparent aufzuzeigen, mit welchen Veränderungen bzw. Erweiterungen zu welchem Zeitpunkt zu rechnen ist. Ferner ist zu kommunizieren, wie die Mitarbeiter sich auf die anstehenden Schritte vorbereiten können bzw. vorbereitet werden.

Verknüpfung von Prozessoptimierung und ICT-Investment

Der Blickwinkel auf ICT-Investitionen sollte stets mit einem Blickwinkel auf die Prozesse und mögliche Prozessverbesserungen verknüpft werden. Eine isolierte Betrachtung ist aufgrund der gegenseitigen Wirkungsbeziehungen zwischen der Einführung von ICT-Lösungen und den Auswirkungen auf Unternehmensprozesse nicht sinnvoll. Empfehlenswert ist eine ganzheitliche Betrachtung über beide Themenkomplexe hinweg. ICT-Lösungen ermöglichen auf der einen Seite überhaupt erst bestimmte Prozessveränderungen, so wie die Einführung von Lösungen zur Automatisierung standortübergreifender Zusammenarbeit. Vor diesem Hintergrund sind für Unternehmen drei Kernfragen parallel zu beantworten:

1. In wiefern können bestehende Prozesse optimiert werden?
2. Welchen Beitrag können hierzu ICT-Lösungen liefern?
3. Welche Prozesse können überhaupt erst mit Hilfe der ICT optimiert werden?

Die Beantwortung dieser Fragen hat Konsequenzen für die mit dieser Fragestellung beschäftigten Arbeitsgruppen. Es müssen sowohl die Prozess- als auch die ICT-Verantwortlichen zusammengebracht werden und an den oben genannten Fragestellungen arbeiten. Wichtig ist dabei, dass insgesamt ein großes Verständnis für Prozesse und deren Optimierung sowie für die ICT-Einsatzmöglichkeiten besteht. Erst durch die Verzahnung beider Wissensgebiete ist eine umfassende Ausnutzung der ICT-Investitionen und deren Wirkungseffekte auf das Unternehmen sichergestellt.

2. Intensive Einbindung von Management und Mitarbeiter

Vorleben der ICT-Nutzung durch das Management

Weiterhin ist es entscheidend, welche Einstellung das Management gegenüber der Einführung von ICT-Lösungen einnimmt. Die in diesem Buch aufgeführten Benchmark-Beispiele haben gezeigt, dass das Vorleben des Managements sehr wichtig für die Akzeptanz unter den Mitarbeitern ist. Eine Nicht-Nutzung durch das Management führt zwangsläufig im Unternehmen zu der Frage, ob die getätigten Veränderungen wirklich notwendig und gewünscht sind. Besonders kritisch ist es, wie in einem der Anwendungsbeispiele gezeigt, dass vom Management die ICT-Investitionen und deren Nutzen im Alltag in Frage gestellt werden. Eine besondere Vorreiterrolle kann das Management beim Einsatz von Business Social Media und Cloud Computing einnehmen. So können im Business Social Media regelmäßig Beiträge für die Mitarbeiter abgesetzt werden, die vormals per E-Mail verschickt wurden. Auf diese Weise ändert sich das Kommunikationsverhalten im gesamten Unternehmen. Informationen werden nicht mehr aktiv an die Betroffenen verschickt, sondern werden von den Betroffenen aktiv abgerufen. Die Nutzung von Cloud Computing führt häufig zu einer unmittelbaren Reduzierung des Dateiversands. Auch an dieser Stelle kann das Management durch Nutzung Signale an das Team senden und Verhaltensänderungen proaktiv unterstützen.

So sollten beispielsweise Kernelemente der Unternehmenskommunikation, wie Protokolle aus Vorstands- oder Geschäftsführungssitzungen oder begehrte Wettbewerbsreports, ausschließlich und ohne Ausnahme über die ausgewählte ICT-Plattform dem relevanten Adressatenkreis zur Verfügung gestellt werden.

Intensive Qualifizierung der Mitarbeiter

Die Sicherstellung von Akzeptanz von ICT-Lösungen ist eine der wichtigsten Herausforderungen für Unternehmen. Aus diesem Grund hat die Qualifizierung der Mitarbeiter einen hohen Stellenwert. Neben den traditionellen Qualifizierungsmaßnahmen wie Schulungen und Seminare bietet gerade die Nutzung von Business Social Media weitergehende Möglichkeiten zur Wissensvermittlung. So bieten Social-Media-Plattformen den Vorteil auf einfache Weise Mitarbeiter zu vernetzen und untereinander Erfahrungen austauschen zu können. Gerade in der Anfangsphase ist dieser Austausch besonders wichtig und sichert ein hoch effizientes „voneinander lernen" zwischen den Nutzern. Gleichzeitig bietet der Austausch die Möglichkeit sich mit den neuen Anwendungsmöglichkeiten vertraut zu machen.

Erlauben einer offenen Fehlerkultur bzw. „Ausprobiermentalität"

Ebenfalls wichtig in der Einführungsphase ist die Handhabung einer offenen Fehlerkultur bzw. die aktive Förderung einer Ausprobiermentalität. Der Charakter von Nutzern ändert sich in Richtung von Gestaltern, was sich insbesondere bei der Nutzung von Business Social Media abzeichnet. Vor diesem Hintergrund besteht zumindest in der Anfangsphase die Möglichkeit einer höheren Fehlerquote durch Anwender- bzw. Bedienfehler. Es sollte gegenüber den Mitarbeitern darauf hingewiesen werden, dass Fehler möglich sind und zugleich Diskussionsforen zur Reduzierung von Fehlern genutzt werden können. Kritik ist hierbei gewünscht, sie sollte aber konstruktiv erfolgen.

Die Analyse der Benchmark-Beispiele zeigt weiterhin, dass trotz Ausprobiermentalität die Verabschiedung einer Richtlinienkompetenz sinnvoll ist. D.h. sämtliche ICT-Projekte werden unternehmensintern an einer Stelle harmonisiert und koordiniert. Damit kann die Gefahr des „ICT-Wildwuchses" gebannt werden. Hierunter wird verstanden, dass verschiedene Nutzer oder Organisationseinheiten nicht selbständig und ohne Abstimmung mit der ICT-Strategie Lösungen implementieren. In Expertengesprächen wurde deutlich, dass in einem Unternehmen unwissentlich mehrfach dieselbe CRM-Cloud-Lösung völlig unabgestimmt voneinander installiert worden war. In diesem Fall werden Ressourcen verschwendet und mögliche Synergiepotentiale bleiben innerhalb eines Unternehmens ungenutzt.

3. Nachhaltige Veränderung der Organisation:

Integration der verschiedenen Verantwortungsbereiche für Telekommunikation und Informationsverarbeitung in eine ICT-Abteilung mit neuem Rollenverständnis
Die traditionelle Trennung der Verantwortungsbereiche von Telekommunikation und Informationsverarbeitung verhindert eine integrierte Betrachtung und Ausnutzung der mit ICT-Lösungen verbundenen Vorteile. In vielen Unternehmen sind deshalb beide Abteilungen zu einer Organisationseinheit zusammengeführt worden. Die Vorteile liegen dabei klar auf der Hand: Gerade bei ICT-Anwendungen ist das Zusammenspiel von Bandbreite (Telekommunikation) sowie Anwendungen und Rechenleistung (IT) erfolgskritisch.

Neben der beschriebenen Zusammenlegung der Verantwortungsbereiche ändert sich das Rollenverständnis einer integrierten ICT-Abteilung. Die Untersuchungen haben gezeigt, dass sich Unternehmen von Aufbau und Nutzung innovativer ICT-Anwendungen Wettbewerbsvorteile versprechen. Vor diesem Hintergrund gewinnt die ICT für Unternehmen an Bedeutung und hat strategischen Charakter. Es ist davon auszugehen, dass bei einer Beschleunigung dieses Trends die ICT-Bereiche enger an das Top-Management heranrücken und die ICT in die grundsätzliche strategische Planung des Unternehmens stärker einbezogen wird. Für die ICT-Verantwortlichen bedeutet dies, dass sich die Ansprechpartner im Unternehmen ändern (eher Richtung Top-Management) und gleichzeitig die zusammenhängende Betrachtung des Gesamtunternehmens unter Berücksichtigung der ICT-Strategie erforderlich wird. Damit sind auch seitens der ICT-Manager andere Kompetenzen, die stärker die betriebswirtschaftlichen Belange des Unternehmens betreffen, gefordert. Dies wird insbesondere bei der Frage der Fremd und Eigenerbringung deutlich erkennbar.

Offenheit für Veränderungen im Unternehmen in Anlehnung an ICT-Lösungen
In der Vergangenheit war die Anpassungsrichtung klar definiert. IT-Lösungen wurden im Rahmen des Customizing den Unternehmensprozessen angepasst. Dies war in der Regel ein zeitaufwändiger Prozess. Unternehmensanforderungen wurden in einem ersten Schritt definiert und anschließend die Software diesen Anforderungen angepasst. Der Einsatz von ICT-Lösungen kehrt die Anpassungsrichtung um. In den Expertengesprächen mit den Benchmark-Unternehmen wurde deutlich, dass In Zukunft die Unternehmen gefordert sind, sich den Prozessen der ICT-Lösungen anzupassen. Nur auf diese Weise können die Vorteile von ICT-Lösungen umfassend genutzt werden. Die Kunst wird zukünftig darin bestehen, die Möglichkeiten von ICT-Lösungen zu identifizieren, zu bewerten und gege-

benenfalls auf das eigene Unternehmen zu adaptieren. Dieses Umdenken stellt für viele Verantwortliche einen deutlichen Paradigmenwechsel dar. Es ist damit zu rechnen, dass die ICT-Verantwortlichen sich in diesem Punkt zusätzlich qualifizieren müssen.

Insourcing der ICT-Management Kompetenz

Die Veränderung der Anpassungsrichtung setzt voraus, zukünftig stärker direkt im Unternehmen diejenigen Verantwortlichen einzusetzen, die die in der Lage sind das Leistungsspektrum von ICT-Lösungen auf das Unternehmen optimal anzupassen. Aufgrund der hierfür notwendigen intimen Kenntnisse über die internen Prozesse und Informationsströme ist davon auszugehen, dass die Steuerung von ICT-Projekten zunehmend von innen, d.h. aus dem Unternehmen heraus, vorgenommen werden muss. Für bestehende Systemintegratoren bedeutet dies, die im Unternehmen vorhandenen Ressourcen intensiv beratend zu unterstützen und ihre Rolle in der Zusammenarbeit mit den nachfragenden Unternehmen neu zu definieren. Gegebenenfalls werden Know-how intensive Funktionen, die ehemals als Outsourcing Lösung nach „draußen" gegeben wurden, wieder in das Unternehmen integriert.

5.2   Handlungsempfehlungen für ICT-Anbieter

Die Ergebnisse aus der Befragung von 105 Unternehmen und Analyse der 6 Benchmark-Interviews erlaubt die Ableitung von zahlreichen Empfehlungen für Anbieter von ICT-Lösungen im Markt. Die folgenden Empfehlungen sollen einen Anhaltspunkt darstellen, was aus Sicht der Anbieter die zentralen Erfolgsfaktoren sind und welche Fehler bei der Marktbearbeitung vermieden werden sollten. Im Folgenden sind die Handlungsempfehlungen aufgelistet und in drei Kategorien unterteilt: (1) Bestimmung des Zielmarktes, (2) Kommunikation zu bestehenden oder potentiellen Kunden und (3) Adaption des Geschäftsmodells. Im Anschluss erfolgt die argumentative Erläuterung der dargestellten Empfehlungen für ICT-Anbieter.

1. Bestimmung des Zielmarktes:

- Eindeutige Segmentierung des Marktes.

2. Kommunikation zu bestehenden oder potentiellen Kunden:

- Klare Nutzenargumentation von ICT-Lösungen,
- Gewinnung von Referenzkunden,
- Angebot von Pilotlösungen,
- Aufbau eines kontinuierlichen Dialoges zur Zielgruppe.

3. Adaption des Geschäftsmodells:

- ICT-Implementierung als Entwicklungspfad definieren,
- Aktive Weiterentwicklung des eigenen Geschäftsmodells.

1. Bestimmung des Zielmarktes: Eindeutige Segmentierung des Marktes

Die segmentspezifischen Analysen der Befragungsergebnisse haben gezeigt, dass Unternehmen in Abhängigkeit von der Größe (Mitarbeiterzahl) und der Branche (z.B. Dienstleister oder produzierendes Gewerbe) über eine sehr unterschiedliche ICT-Investitions- und Nutzungsbereitschaft verfügen. Gerade bei neuen Technologien ist die Bearbeitung der relevanten Zielsegmente entscheidend für den Markterfolg von Anbietern. Generell besteht die Gefahr, dass sich Vertriebseinheiten auf die falschen Segmente konzentrieren und damit gerade für den Marktaufbau wichtige Ressourcen nicht optimal eingesetzt werden.

Für die relevanten Zielgruppen von ICT-Lösungen lässt sich feststellen, dass sich in Bezug auf die Unternehmensgröße folgende segmentspezifischen ICT-Affinitäten aufzeigen lassen:

- Virtualisierung: Adressierung eher der größeren Unternehmen, die eine Herausforderung in der Optimierung ihrer internen ICT-Ressourcen sehen.

- Cloud Computing: nahezu gleichmäßige Adressierung von Unternehmen verschiedener Größe, mit leichtem Fokus auf die kleineren und mittleren Unternehmen, denen die Flexibilität und Skalierbarkeit sowie der Zugang zu hochwertigen Softwarelösungen besonders wichtig ist.

- Mobilisierung der IT: nahezu gleichmäßige Adressierung von Unternehmen verschiedener Größe.

- Business Social Media: Adressierung von kleineren und mittleren Unternehmen, die offensichtlich die Vorteile für sich eher erkennen und nutzen können.

Darüber hinaus lassen sich weitere segmentspezifische Empfehlungen in Bezug auf die Branche der Zielkunden abschätzen. Innovative Dienstleister und High-Tech-Unternehmen haben eine deutlich größere Bereitschaft in ICT-Lösungen zu investieren aufgrund der erhofften Wettbewerbsvorteile im effizienten Management von Informationen und der Optimierung von Prozessen. Anders stellt sich die Situation im produzierenden Gewerbe oder im Handel dar. Hier werden ICT-Investitionen oftmals erst dann getätigt, wenn die Technologie als „reif", d.h. als besonders zuverlässig eingeschätzt wird. Ferner gibt es Kunden, die erst dann investieren, wenn eine Technologie zum „Commodity" wird und sich damit verbundene Preisvorteile bei den Investitionen erzielen lassen. Unternehmen, die diese ICT-Einkaufsstrategie verfolgen, sollten aus Anbietersicht erst zu einem relativ späten Zeitpunkt angegangen werden.

Für ICT-Anbieter bedeutet das Ergebnis einer Segmentierung ein selektives Vorgehen in Bezug auf die Branche und die Unternehmensgröße. Eine Verzettelung wertvoller Vertriebsressourcen wird dadurch vermieden.

2. Kommunikation zu bestehenden oder potentiellen Kunden Klare Nutzenargumentation von ICT-Lösungen

Der Nutzen von ICT-Lösungen ist oftmals nicht so transparent und bekannt, wie es viele Anbieter von ICT-Lösungen einschätzen. Dies hat häufig drei Gründe: getrennte Organisationseinheiten hinsichtlich TK und IT, bestehende Entscheidungs- und Nutzungsmuster bei Unternehmen und fehlende Möglichkeiten zur Bewertung der Investitionsvorteile. So treffen Anbieter nach wie vor auf Unternehmensstrukturen mit getrennten Verantwortungsbereichen für Telekommunikation und Informationsverarbeitung. Getrennten organisatorischen Einheiten fällt es nach Erfahrungswerten oft schwer, die Nutzenvorteile von integrierten Lösungen zu erkennen und zu bewerten. Darüber hinaus stellen viele ICT-Lösungen einen Paradigmenwechsel im Punkt Nutzung netzbasierter Dienste, Veränderung von Kommunikationsstrukturen und Erlaubnis zur mobilen Nutzung von Anwendungen dar. Bekannte und etablierte Entscheidungs- und Nutzungsmuster in der Telekommunikation und Informationsverarbeitung müssen entsprechend aufgebrochen werden. Die Aussage, dass zukünftige Investitionsentscheidungen oftmals von Managern getroffen werden, die den Aufbau von bis dato etablierten Lösungen verantwortet haben, unterstreicht die Relevanz von diesem Punkt. Der 3. Punkt, die fehlenden Bewertungsmöglichkeiten, lässt häufig ein Know-how-Defizit im Entscheidungsprozess erkennen.

Um diese Hürden zu überwinden, ist eine klare und segmentspezifische Nutzenargumentation gefordert, die im Einzelfall auf die individuelle Unternehmenssituation herunter gebrochen werden muss. Auf diese Weise kann die vom potentiellen Kunden empfundene Unsicherheit gezielt abgebaut werden. Bestandteil der Nutzenargumentation ist vor allem die Durchführung einer detaillierten IST- und Soll-Analyse beim Kunden sowie eine Darstellung der mit den Investitionen verbundenen Effekte. Vielen Kunden scheinen die Vorteile sehr abstrakt und wenig nachvollziehbar. Aus diesem Grund sind die Visualisierung und die Sicherstellung von Verständnis über die beabsichtigte Lösung in Richtung Kunde sehr wichtig.

Zwei Punkte können eine klare Nutzenkommunikation zusätzlich erkennbar verbessern: Dies sind, wie später nochmals detailliert beschrieben, die Gewinnung von Referenzkunden und das Angebot von Pilotlösungen.

Einen weiteren wichtigen Beitrag zur Nutzenkommunikation und damit zur Verbesserung der Akzeptanz von ICT-Lösungen kann das Angebot von qualitätssichernden Maßnahmen, z.B. in Form einer Auditierung, geben. Dem Kunden wird das Angebot unterbreitet, einzelne Projektschritte einer Qualitätskontrolle zu unterziehen. Ergänzend bietet gerade die Auditierung die Möglichkeit, eine systematische und für den Kunden nachvollziehbare Erfolgskontrolle vorzunehmen. Auf diese Weise können verschiedene Projektstufen vor-, nachbereitet und begleitet werden.

Die Messbarkeit von Investitionen wird gegenwärtig und in Zukunft ein zentrales Kriterium bei der Freigabe von Investitionen darstellen. Aus diesem Grund ist die Sicherstellung von Messbarkeit durch entsprechende Maßnahmen erfolgskritisch für Anbieter.

Gewinnung von Referenzkunden

Die Gewinnung von Referenzkunden kann einen wichtigen Beitrag zur Sicherstellung einer erfolgreichen Nutzenkommunikation leisten. Gerade aufgrund des hohen Abstraktionsgrades von ICT-Lösungen wird für viele potentielle Kunden die Lösung erst dann „greifbar", wenn sie an anderer Stelle bzw. bei anderen Unternehmen „sichtbar" ist. Die Befragungsergebnisse haben gezeigt, dass mit Ausnahme von Business Social Media insgesamt eine hohe Weiterempfehlungsquote bei den untersuchten ICT-Lösungen existiert. Vor diesem Hintergrund sind gerade die Unternehmen zu gewinnen, die eine Weiterempfehlung aktiv aussprechen.

Zur Steigerung der Attraktivität, sich als Referenzkunde zur Verfügung zu stellen, können verschiedene Anreize geschaffen werden. Idealerweise wird ein Referenzkunden-programm aufgesetzt, um den möglichst einheitlichen Umgang mit Referenzkunden zu gewährleisten. In diesem Referenzkundenprogramm sind folgende Leistungsparameter sinnvoll:

a) Nennung des Referenzkunden in allen Vertriebsunterlagen des ICT-Anbieters und damit aktiver Transport der Marke und Verbesserung der Bekanntheit des Referenz-kunden. Gerade für Unternehmen im Business-to-Business-Bereich ist dieser Vorteil oft klar erkennbar.

b) Bei der Gewinnung von Neukunden besteht die Möglichkeit der Honorierung des Referenzkunden in Abhängigkeit von seiner erbrachten Leistung. Der Leistungsbei-trag kann durchaus sehr unterschiedlich ausfallen. Im einfachsten Fall ist es ein Zei-gen der Lösung, im umfangreichsten Fall eine aktive Diskussion z.B. in Workshops oder Bereitstellung von internen Kennzahlen als Benchmark. Zwischen diesen beiden Varianten ist natürlich eine Vielzahl von Varianten in der Zusammenarbeit möglich. Allerdings ist bei diesem Vorgehen abzuwägen, ob die notwendige Neutralität als Re-ferenzkunde aufrechterhalten werden kann. Im Zweifel sollte sich ein ICT-Anbieter eher gegen eine Honorierung entscheiden, wenn die Gefahr einer Aufweichung der Neutralität und damit der Glaubwürdigkeit besteht.

c) Angebot an den Referenzkunden, innovative Lösungen frühzeitig zu testen bzw. einzuführen, um auf diese Weise Wettbewerbsvorteile zu generieren. In diesem Fall nimmt der Referenzkunde häufig zusätzlich die Rolle eines „friendly customers" ein, der sich hinsichtlich der Einführung neuer Technologien einen Zeitvorteil gegenüber seinen Konkurrenten verschaffen kann.

Die Erfahrungen mit dem Einsatz von Referenzkunden sind gerade bei Lösungen, die als sehr neu und möglicherweise als „noch nicht ausgereift" gelten, sehr positiv. Zweifel, die potentielle Kunden gegenüber der diskutierten Lösung hegen, können durch ein di-rektes Gespräch von Kunde zu Kunde „relativiert" und im besten Fall abgebaut werden.

Angebot von Pilotlösungen
Die empfundene Unsicherheit bei der Beurteilung von ICT-Lösungen kann durch das An-gebot von Pilotlösungen ebenfalls beeinflusst werden. Dies ist ein Schritt, der oft im Zu-sammenhang mit der angesprochenen Nutzenkommunikation zu sehen ist und hilft stark beim Abbau von Vorbehalten hinsichtlich ausgewählter Nutzungseigenschaften (Funktio-nalitäten). Pilotlösungen vertiefen die Nutzenkommunikation aus Kundensicht. Daneben sind sie geeignet, vorausgegangene Gespräche mit Referenzkunden aufzugreifen und die Lösungen unter eigenen Rahmenbedingungen auszutesten.

Pilotierung trägt vor allem dazu bei, das funktionale Risiko aus Kundensicht zu redu-zieren. Denn oftmals wird die Funktionsfähigkeit der Lösung in Frage gestellt oder kann nicht hinreichend beurteilt werden. Demgegenüber ist die Pilotierung nicht geeignet, be-stehende ökonomische Vorbehalte zu den Investitionen und möglichen Kosteneinsparun-gen abzubauen.

Die Zusammenarbeit zwischen Kunde und Anbieter im Rahmen einer Pilotierung ist ein wichtiger Schritt zum Aufbau der Geschäftsbeziehung. Die Pilotierung erlaubt dem Anbieter einen stärkeren Einblick in die Ausgangssituation beim Kunden zu nehmen. Parallel entstehen durch die mit der Pilotierung notwendigen Abstimmungsgespräche (z.B. Erfahrungsaustausch, Optimierungsansätze) zahlreiche Möglichkeiten zum Aufbau von persönlichen Kontakten.

Der Aufwand und die Rechnungsstellung der Pilotierung muss aus Anbietersicht kritisch hinterfragt werden. Hier sind im Wesentlichen zwei Kernfragen zu beantworten:

a)   Welcher Pilotierungsaufwand ist ökonomisch und organisatorisch vertretbar?

b)   Kann die Pilotierung ganz oder teilweise dem Kunden in Rechnung gestellt werden?

Üblicherweise erfolgt keine Rechnungsstellung von Pilotierungen, um an dieser Stelle keine zusätzliche Hemmschwelle für den Kunden aufzubauen. Gerade in wettbewerbsintensiven Märkten, wie der Telekommunikation und Informationsverarbeitung, ist eine Rechnungsstellung aus Anbietersicht nur schwer durchsetzbar, weil oft Wettbewerber kostenlose Pilotierungen anbieten.

Weiterer Vorteil aus Anbietersicht ist die in der Regel gute Überführbarkeit von Pilotprojekten in den realen Betrieb der ICT-Lösung. Aufgrund bestehender Erfahrungswerte können gegebenenfalls Zeitvorteile bei Installation, Schulung und Betreuung der Lösung durch den Anbieter realisiert werden.

Aufbau eines kontinuierlichen Dialoges zur Zielgruppe

Wie in der Befragung gezeigt, sind charakteristisch für ICT-Anwendungen Flexibilität und Skalierbarkeit der Lösung. Anders als bei vielen traditionellen IT-Lösungen gibt es keine einmalige Upfront Installation und anschließend eine weitgehend stabile Betriebszeit. ICT-Lösungen befinden sich in einem stärkeren dynamischen Veränderungsprozess: bestehende Lösungen werden inhaltlich ergänzt, neue Applikationen eingeführt, die Anzahl der Arbeitsplätze wird nach oben oder unten skaliert. Diese Veränderungen bedürfen einer engeren Abstimmung zwischen ICT-Anbieter und Nachfrager. Veränderungen müssen rechtzeitig identifiziert und Anpassungsvorschläge abgeleitet werden.

Vor diesem Hintergrund sind die beratenden und die vertrieblichen Organisationseinheiten eines ICT-Anbieters stärker gefordert auf den Kunden einzugehen und mit dem Kunden im kontinuierlichen Dialog zu bleiben. Hierzu sind vor allem Plattformen geeignet, die einen interaktiven bilateralen Austausch ermöglichen. Als gutes Beispiel lassen sich Kundenforen nennen, die diesen bilateralen Austausch in den Mittelpunkt stellen. Auf diesen Foren können wenige Grundsatzvorträge über die aktuellen Entwicklungen gehalten und anschließend eine offene Diskussion über die Anforderungen der Zielgruppe geführt werden. Diese Form der interaktiven Kommunikation sollte gerade bei den sich schnell verändernden ICT-Produktportfolios der Anbieter in Form eines kontinuierlichen Dialoges geführt werden. Erfahrungen von ICT-Anbietern zeigen, dass auf diese Weise den Kunden gegenüber ein aktives Zuhören signalisiert wird. Aktives Zuhören heißt beispielsweise, Kundenanforderungen aufzunehmen und im Leistungsportfolio in Form konkreter Angebote zu integrieren. Darüber hinaus wird dem Kunden gegenüber das Signal gesendet, dass ein Dialog „auf Augenhöhe" geführt wird. In diesem Fall gewinnt der Anbieter das für den Erfolg im ICT-Markt so wichtige Vertrauen und die notwendige Glaubwürdigkeit.

3. Adaption des Geschäftsmodells ICT-Implementierung als Entwicklungspfad definieren

Die Erfahrungen von Kunden und ICT-Anbietern gemeinsam zeigen, dass in der Anfangsphase einer Geschäftsbeziehung tendenziell Kernthemen gebildet werden, die bei einem erfolgreichen Verlauf der Zusammenarbeit systematisch ausgebaut werden. Vorbehalte auf Kundenseite führen dazu, dass lediglich mit einem klar abgegrenzten Themenbereich die ICT-Implementierung begonnen werden kann. Die Realisierung umfassender ICT-Lösungen in der Anfangsphase einer Geschäftsbeziehung ist eher die Ausnahme.

Dies hat für ICT-Anbieter zur Folge, dass Themen gesucht werden müssen, die eine Art „Speerspitze" für den Vertrieb darstellen. Darunter sind Themen zu verstehen, die sich gut für den ICT-Einstieg und eine spätere Skalierung eignen. Wichtige Erfolgsfaktoren hierfür sind die Überschaubarkeit und Einfachheit der Lösung sowohl im Funktionsumfang als auch in der Nutzenargumentation. Auf diese Weise empfindet der Kunde Kontrolle und Überschaubarkeit, beides Kriterien, die die subjektive Wahrnehmung des Investitionsrisikos reduzieren. Beispiele hierfür sind beispielsweise cloudbasierte Office- oder CRM-Lösungen, die Kunden häufig als geeignete Einstiegsthemen aufgrund der hohen Standardisierung empfinden. Andere Lösungen, wie beispielsweise die Einführung eines cloudbasierten ERP-Systems, die einen erheblichen Customizing-Anteil vermuten lassen, sollten zeitlich erst deutlich nach Implementierung der ICT-Standardlösungen dem Kunden gegenüber adressiert werden.

Der Entwicklungspfad sollte dem Kunden gegenüber transparent gemacht werden und dient sowohl der Anbieter-, als auch der Nachfrageseite als Orientierungsrahmen im Zeitablauf. Grundlage des Entwicklungsplans sollte eine detaillierte Erfassung der Anforderungen und Bedürfnisse des Kunden sein. Diese Form der Bedarfsanalyse kann beispielsweise in einem gemeinsamen Workshop stattfinden. Idealerweise werden aus dieser Analyse dem Kunden gegenüber die Entwicklungsmöglichkeiten aufgezeigt und abgestimmt. Gerade für Unternehmen mit fehlender strategischer ICT-Ausrichtung ist dieser Schritt wichtig. Sie erhalten durch dieses Vorgehen eine auf sie individuell abgestimmte ICT-Investitionsstrategie und damit einen zuverlässigen Orientierungsrahmen. Wichtig ist die Offenheit und Flexibilität dieses Orientierungsrahmens bei einer Veränderung der Rahmenbedingungen (z.B. Unternehmenswachstum, -schrumpfung, Notwendigkeit für neue Anwendungen, Eliminierung von Anwendungen). Gerade flexible und gut skalierbare ICT-Lösungen sind diesen Veränderungen gegenüber gut vorbereitet und können diese Veränderungen durch entsprechende Anpassungen vornehmen.

Aktive Weiterentwicklung des eigenen Geschäftsmodells

Das Geschäftsmodell vieler IT-Häuser hatte in der Vergangenheit eine klare Struktur. Es wurden IT-Lösungen für Kunden über einen definierten Zeitraum entwickelt. Anschließend wurden dem Kunden Betreuungs- bzw. Änderungsservices in Bezug auf seine Lösung angeboten. Diese Systematik ändert sich mit der immer stärkeren Etablierung von ICT-Lösungen im Markt gravierend. Ursache hierfür sind die im Gegensatz zu konventi-

onellen IT-Lösungen deutlich kürzere Implementierungszeiten. Erfahrungswerte und Ergebnisse der Benchmarking-Interviews zeigen, dass sich traditionelle Implementierungs-
zeiträume von ca. 6-12 Monaten auf einen Zeitraum von 4-6 Wochen reduzieren lassen.
Für den ICT-Anbieter entsteht dadurch eine deutlich geringere ökonomische Attraktivität
in dieser Wertschöpfungsstufe.

Die Herausforderung besteht darin, ein neues Rollenverständnis als ICT-Anbieter zu
finden. Im Mittelpunkt steht dabei der Wandel von dem Geschäftsschwerpunkt operative
Implementierung hin zu einem langfristigen, beratenden ICT-Partner. Das hat erhebliche
Konsequenzen für den Umgang mit Neu- und Bestandskunden. Das lange vorherrschen-
de Primat der Neukundengewinnung verliert an Bedeutung. Stattdessen wird die Pflege
und systematische Entwicklung der bestehenden Kunden wichtiger. Die Entwicklung des
Kunden im Sinne von Cross- und Up-Selling entspricht dabei dem im Vorfeld genannten
Entwicklungspfad für einen Kunden.

Es ist davon auszugehen, dass diese Veränderung im Rollenverständnis eines ICT-Anbieters zu einer absehbaren Konsolidierung bei den bestehenden IT-Systemhäusern führen
wird. Ursache hierfür ist das Festhalten an bestehenden und in der Vergangenheit erfolgreichen Geschäftsmodellen, was sich der Veränderungsgeschwindigkeit und -motivaton
negativ entgegenstellt. Das von Veränderungsprozessen betroffene Management versucht
zunächst die bestehenden Geschäftsmodelle zu verteidigen und die Austrittsbarrieren für
Kunden zu erhöhen. Damit verschenken Anbieter die Möglichkeit, sich möglichst frühzeitig mit neuen Geschäftsmodellen im Markt auseinanderzusetzen, diese auszuprobieren
und nachhaltig zu etablieren. Aus Sicht des Managements wird die Geschwindigkeit von
Veränderungen oft überschätzt. Allerdings werden dabei gleichzeitig die Auswirkungen
der Veränderungen unterschätzt.

Die fehlende Flexibilität bestehender Anbieter stellt auch eine Chance für neue Marktteilnehmer dar. Deshalb kann damit gerechnet werden, dass neue hoch spezialisierte ICT-
Anbieter im Markt eintreten und sich etablieren werden. Diese werden sich nicht auf einen operativen und individuellen Implementierungsprozess von Lösungen konzentrieren.
Stattdessen werden sie geeignete Kernthemen identifizieren, die ohne große – subjektive – Wahrnehmung von Investitionsbarrieren realisiert werden können („Quick-wins").
Anschließend wird ihre Kernkompetenz darin liegen, den mit dem Kunden gemeinsam
analysierten Entwicklungspfad für ICT-Lösungen umzusetzen.

Perspektive – ein Zukunftsszenario

6

Die kurzen Innovationszyklen in der ICT-Industrie sorgen dafür, dass ständig neue Ideen und Konzepte entstehen und bestehende Geschäftsmodelle grundsätzlich in Frage gestellt werden. Aus diesem Grund sollen im Folgenden für ausgewählte Parameter Entwicklungstendenzen aufgezeigt werden, wodurch dann ein mögliches Zukunftsszenario abgeleitet werden kann. Hierbei handelt es sich durchaus um ein „offensives", d.h. auf starke Veränderungen ausgelegtes Szenario. Die Geschwindigkeit bei der Realisierung des Szenarios wird jedoch maßgeblich von der Einstellung bzw. der Innovationsoffenheit der Entscheidungsträger im Management abhängen. Diese Innovationsoffenheit der Unternehmen wird dabei zum einen von den als sicher empfundenen rechtlichen Rahmenbedingungen (z.B. beim Datenschutz, Datensicherheit) beeinflusst. Zum anderen ist die technische Stabilität bzw. der empfundene Reifegrad von ICT-Innovationen prägend für die Umsetzungsgeschwindigkeit. Das im Folgenden dargestellte Zukunftsszenario wird anschließend hinsichtlich der Auswirkungen auf Anbieter und Nutzer von ICT-Lösungen bewertet.

6.1 Herleitung des Zukunftsszenarios

Die in Abb. 28 dargestellten Parameter wurden im Rahmen von Expertengesprächen erhoben und bilden die Grundlage für die Herleitung eines möglichen Zukunftsszenarios.

Bei den Basisinfrastrukturen im ICT-Umfeld (Parameter 1 und 2) ist davon auszugehen, dass Bandbreiten in ausreichendem Maße vorhanden sind und aufgrund des vorherrschenden Wettbewerbs auch kostengünstig zur Verfügung stehen.

So stehen im Festnetzbereich ausreichend Glasfaserkapazitäten zur Verfügung, welche insbesondere über die Ethernet-Technologie Bandbreiten von bis zu 10 Gbit/sec für Geschäftskunden bereitstellt, und im Mobilfunk wird über LTE (Long Term Evolution) eine Accesstechnologie bereitgestellt, welche eine Bandbreite von aktuell bis zu 50 Mbit/sec über die Luftschnittstelle bereitstellt. Zudem sind die Kosten für beide Arten von Zugangsdiensten in den vergangenen Jahren deutlich gefallen und stehen mittlerweile kostengünstig zur Verfügung. Es ist zu erwarten, dass sich diese Tendenz in Zukunft weiter fortsetzt.

113

Abb. 28 Entwicklungsprognose für ausgewählte Parameter im ICT-Umfeld

Auch Rechen- und Speicherkapazitäten stehen bereits heute im großen Maße zur Verfügung. Diese Dienste sind bereits heute bei Amazon auf Bedarf buchbar und werden dynamisch abgerechnet. Weitere Anbieter dieser Dienstleistungen betreten den Markt, was dazu führen wird, dass Preise weiter fallen. Ähnlich sieht es bei den einzelnen Komponenten aus. Es ist zu erwarten, dass Preise für gleiche Technologie jedes Jahr um ca. 20% sinken.

Beide Entwicklungen, die verfügbare Bandbreite und die Commoditisierung von Rechen- und Speicherkapazität, sind optimale Voraussetzungen für ein wachsendes ICT-Angebot im Markt.

Entscheidend für die zukünftige Entwicklung von ICT im Unternehmensumfeld ist im großen Maße die Forderung der Mitarbeiter nach dieser Art von Lösungen. Aufgrund von Arbeitskräftemangel bei qualifizierten Mitarbeitern entsteht ein höherer Druck auf Unternehmen Arbeitsbedingungen zu schaffen, welche insbesondere die jüngeren Mitarbeiter attraktiv finden („War for talents").

Diese neuen Mitarbeiter gehören zu der sogenannten Generation C (connected, communicating, content-centric) und werden als „digital natives" bezeichnet (vgl. Hrsg. Booz & Company: The rise of the generation C, 2011, S. 4). Sie sind mit den neuesten ICT-Technologien aufgewachsen, kommunizieren mit ihren Freunden und Familie über Facebook und das primär mobil. Sie sind immer und überall online und besitzen ein Smartphone, mit dem sie ihr Leben organisieren. Bei ihnen verschwimmen noch stärker die Grenzen zwischen Berufs- und Privatleben, als dies bereits heute passiert. Die Nutzung von Social Media ist für diese Generation nicht etwas, was abends nach der Arbeit getan wird, sondern wird bei Bedarf genutzt. Ein Verbot von Facebook & Co. am Arbeitsplatz würde diese Generation abschrecken. Auch ist das Smartphone etwas Persönliches für sie. Sie wollen ihr Gerät sowohl privat als auch beruflich einsetzen, was heutzutage häufig nicht der Unternehmensrichtlinie für Mobiltelefone entspricht. Endgeräte werden selber mitgebracht, was mit „Bring your own Device" („ByoD") bezeichnet wird. Die eigenen Geräte werden intensiv zur Kommunikation mit anderen genutzt. Im Mittelpunkt stehen dabei Social-Media-Plattformen und Wikis – E-Mails sind weitgehend bedeutungslos.

Es ist möglich, dass durch den Fachkräftemangel der Druck auf Unternehmen und deren ICT-Bereiche groß wird, einen Veränderungsprozess zugunsten der jüngeren Mitarbeiter in Gang zu bringen. Da sich mehr und mehr Unternehmen anstrengen, attraktiver aus Mitarbeitersicht zu sein, und Mitarbeiterzufriedenheit spürbar an Bedeutung gewinnt, ist davon auszugehen, dass zumindest ein gedanklicher Prozess in Gang gesetzt wird. Weiter ist davon auszugehen, dass Mitarbeiter dieser Generation Veränderungsprozesse über die Zeit selbst in Gang setzen werden. Aus diesem Grund ist davon auszugehen, dass Mitarbeiter bei der Auswahl ihrer ICT-Ressourcen zukünftig ein deutlich höheres Mitsprache-recht haben werden.

Da die Basisinfrastruktur (Parameter 1 und 2) ausreichend und kostengünstig zu Verfügung steht und Mitarbeiter ein höheres Mitspracherecht hinsichtlich ihrer ICT-Ressourcen erhalten (Parameter 3), ist grundsätzlich davon auszugehen, dass sich Unternehmern stärker als heute für den Einsatz von ICT-Technologien öffnen werden (Parameter 4). Abgebremst werden dann diese Entwicklungen durch einen der Hauptkritikpunkte, das als deutlich höher empfundene Sicherheitsrisiko. Allerdings zeigt sich, dass sich die ICT-Anbieter der hohen Sensibilität von Sicherheitsfragestellungen bewusst sind und sich mit diesem – zumindest subjektiv empfundenen – Schwachpunkt aktiv auseinandersetzen. In unserer Hypothese gehen wir davon aus, dass das Thema Sicherheit über die Zeit verbessert wird.

Durch die Öffnung der Unternehmen für ICT-Lösungen wird ein größerer Anteil von ICT-Leistungen auch extern bezogen. Dies wird zwar nicht zwangsläufig zu einem Verschwinden der ICT-Bereiche in den Unternehmen führen, jedoch wird sich die Rolle nachhaltig verändern. Bei kleineren Unternehmen werden die Veränderungen am deutlichsten sichtbar: es kommt zu einem Wegfall der internen ICT-Abteilung, da diese Funktion vollständig extern erbracht wird.

Die Rolle der ICT-Verantwortlichen wird sich deutlich strategischer ausrichten. Heute ist der ICT-Verantwortliche oftmals in einer operativen Rolle und ist damit für die Bereitstellung von ICT-Ressourcen sowie deren Betrieb und Wartung verantwortlich. In Zukunft wird er stärker die relevanten Partner und Lösungen aussuchen, welche optimal auf seine Geschäftsprozesse angepasst sind. Es besteht die Möglichkeit, dass Anpassungen sowie Zukauf diverser kleinerer Applikationen (im Sinne eines App Stores) wieder nach innen geholt werden. Gerade hier ist eine enge Verzahnung mit den Fachbereichen, die diese Lösung einsetzen, erforderlich. Hierdurch würde die ICT-Lösungsbereitstellung sich von einem in „Releases getakteten Vorgehen", zu einem kontinuierlichen Optimierungsprozess entwickeln und die Innovationszyklen deutlich beschleunigen. Auch das Thema Sicherheit und die damit verbundenen unterschiedlichen Cloudangebote werden zukünftig in den ICT-Bereichen intensiv gemanaged (z.B. Definition der erforderlichen Güte der Cloudlösung im Punkt Verfügbarkeit und Standort der Datensicherung). Auch der Sicherheit bei der Mobilisierung der IT wird mehr Aufmerksamkeit gewidmet werden müssen. Hierbei geht es um das Management von einer Vielzahl unterschiedlicher Hardware, welche zum großen Teil privat durch die Mitarbeiter beschafft wird (im Sinne von „Bring your own Device" („ByoD")). Auch die Speicherung der Daten und die Trennung zwischen privaten und geschäftlichen Daten der Mitarbeiter muss zukünftig durch einen strategisch agierenden ICT-Bereich gelöst werden.

Auch bei der Art der Cloudlösungen wird es zu Veränderungen kommen (Parameter 6). So existieren heute im Markt eher Silolösungen, wie z.B. Salesforce.com, „SAP by Design" oder Microsoft 365. Hier entscheidet sich das Unternehmen für einen „Best-in-Suite"-Ansatz, d.h. es wird die Lösung ausgewählt, welche bei der Gesamtheit der Funktionalitäten überlegen ist und am besten zur zukünftigen Entwicklung des Unternehmens passt. Derzeit würde ein Unternehmen, welches die ERP-Funktionalität von SAP benötigt, auch deren CRM-Lösung beziehen. Der Hauptgrund ist die enge Integration der verschiedenen Komponenten.

Zukünftig wird sich eher ein „Best-of-Breed"-Ansatz durchsetzen: Hierbei wählt das Unternehmen Einzelfunktionalitäten aus, wie z.B. das ERP-Modul von SAP und das CRM-Modul von Salesforce und verzahnt diese miteinander. Dadurch entsteht eine neue Aufgabe im Markt für ICT-Lösungen. Es sind Spezialisten in der Verzahnung von verschiedenen Cloud-Ansätzen, die sich als Cloud-Integratoren oder Cloud Broker definieren lassen.

Zusätzlich zur Art der Cloudlösung wird sich auch die Vorgehensweise bei der Zentralisierung bzw. Dezentralisierung von Rechenleistung (Parameter 7) und der Datenspeicherung (Parameter 8) verändern. Eine Vielzahl von Mitarbeiter in Unternehmen besitzt mittlerweile mehrere Endgeräte, welche sie im Geschäftsalltag, manchmal auch nur privat nutzen. Diese sind neben dem Smartphone, auch der Tablet PC sowie ergänzend dazu noch ein Laptop. Durch die Tatsache, dass die Rechenleistung bei mobilen Endgeräten wie Smartphones und Tablets kontinuierlich steigt und eine große Anzahl der Mitarbeiter einer Unternehmung ein solches Gerät besitzt, steigt die theoretisch zur Verfügung stehende Rechenleistung stark an. Die Rechenleistung der sich im Einsatz befindlichen Laptops wird derzeit nur im geringen Maße ausgenutzt und könnte als „freie Rechnerressource" zur Verfügung stehen. Durch die zur Verfügung stehenden hohen mobilen Bandbreiten könnten diese Rechenkapazitäten für ein Unternehmen nutzbar gemacht werden und Sinne eins „Grid-Computing"-Ansatzes als Rechencluster genutzt werden. Dies würde dazu führen, dass der Zugriff auf Rechenleistung zukünftig deutlich dezentraler als heute genutzt werden könnte und zur Verfügung stehende Ressourcen besser genutzt werden. Übrigens zeigen sich an dieser Stelle deutliche Parallelen zur Smart-Grid-Diskussion im Energiemarkt. Dabei stehen die Koordination der dezentralen Ressourcen und eine ebenfalls optimierte Auslastung der Ressourcen im Vordergrund.

Der Vollständigkeit halber sei an dieser Stelle noch auf eine alternative Entwicklungsmöglichkeit hingewiesen. Über die Technologie der Desktop-Virtualisierung könnten sich zentrale ICT-Strukturen etablieren. In diesem Fall werden einfachere und damit deutlich günstigere Endgeräte benötigt. Dies kollidiert jedoch mit der Annahme, dass Mitarbeiter in Zukunft stärker Einfluss auf ihre ICT-Ressourcen nehmen (Parameter 3) und ggf. sogar ihre eigenen Endgeräte mit ins Unternehmen bringen. Es ist zu erwarten, dass die eigenen Endgeräte eher höherwertiger ausgestattet sind und sich deshalb einfache Geräte nicht durchsetzen werden.

Anders wiederum könnte die Entwicklung bei der Datenspeicherung aussehen: Um die durch die zunehmende Digitalisierung im Geschäfts- und Privatleben anfallenden Datenmengen abzuspeichern, reicht der zur Verfügung stehende Speicher in den dezentralen Endgeräten nicht mehr aus. Aus diesem Grund wird die Speicherung an zentraler Stelle erfolgen und somit die Zentralisierung der Datenspeicherung weiter zunehmen. Diese wird voraussichtlich zu einer Trennung zwischen einer persönlichen Cloud für die Mitarbeiter und einer geschäftlichen Cloud für alle unternehmensrelevanten Daten führen. Dadurch entfällt die dezentrale Speicherung von geschäftlichen Daten, die auf diese Weise besser geschützt werden können, auch wenn beispielsweise das Endgerät des Mitarbeiters gestohlen wird oder der Mitarbeiter das Unternehmen verlässt.

6.2 Beschreibung des Zukunftsszenarios – von der Cloud zum Sky

Die Entwicklung von neuen ICT-Lösungen ist geprägt von zwei Aspekten: Der Entwicklung neuer Technologien auf der einen Seite und der Ausprägung höherer unternehmensspezifischer Anforderungen auf der anderen Seite. Gerade in den Unternehmen wird der Druck zur ICT-Kostenreduzierung und Sicherstellung von Servicequalität auch in Zukunft weiter anhalten und sich gegebenenfalls weiter beschleunigen. Vor dem Hintergrund der aktuellen Cloud Effekte ist in Zukunft damit zu rechnen, dass sich aus Unternehmenssicht folgende Anforderungen herauskristallisieren:

- Stärkere Unabhängigkeit von Cloud Providern,

- Verbesserung der Kompatibilität verschiedener Cloud-Lösungen,

- Weitere Standardisierung, Vereinfachung, Reduzierung von Komplexität,

- Erhöhung der Verarbeitungsgeschwindigkeit,

- Verbesserung der Zugriffszeit.

Vor dem Hintergrund dieser Anforderungen lässt sich ein mögliches Zukunftsszenario entwickeln, das im Folgenden als „Sky" bezeichnet wird (Abb. 29).

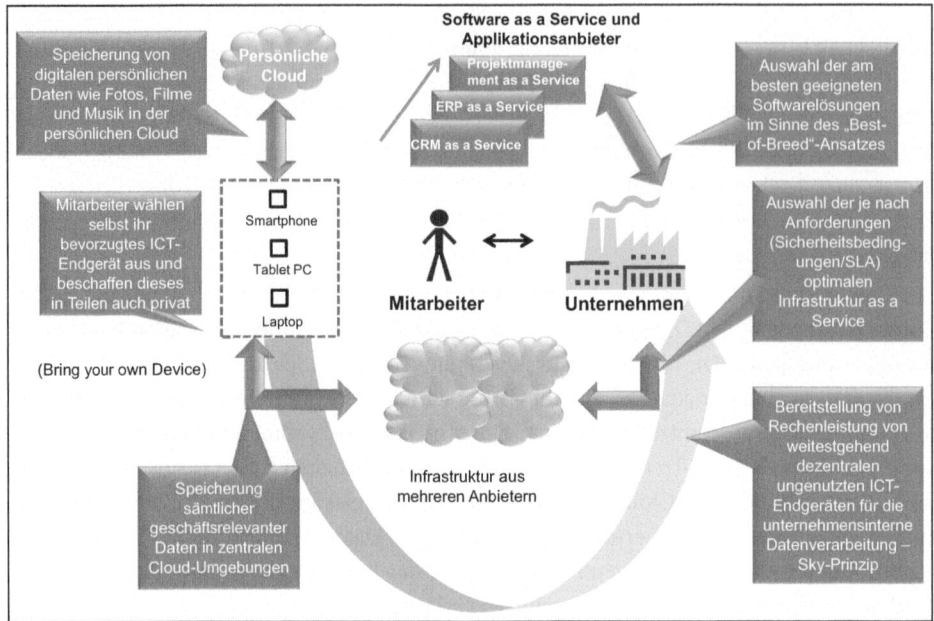

Abb. 29 Zukunftsszenario Sky – Darstellung der Wirkmechanismen

In dieses Zukunftsszenario fließen die bereits identifizierten zentralen ICT-Entwicklungstrends ein: (1) Durch die kostengünstige und ausreichende Bereitstellung von Bandbreite und der Forderung der Mitarbeiter nach innovativen ICT-Lösungen werden sich die Unternehmen stärker für diese Technologien öffnen. (2) Hierbei verändert sich die Rolle des ICT-Verantwortlichen: er wählt die optimale ICT-Lösung für das Unternehmen aus, indem er für jeden Geschäftsprozess überprüft, ob eine Standardsoftware im Sinne des Cloudansatzes zur Verfügung steht oder eine Spezialapplikation benötigt wird. (3) Die Cloudlösungen werden vollständig extern beschafft. (4) Über einen Cloud-Integrator wird sichergestellt, dass die unterschiedlichen Cloud-Applikationen vollständig integriert werden. (5) Für die Spezialapplikation wird die Rechenleistung auf den Endgeräten der Mitarbeiter (Smartphone, Tablet PC und / oder Laptop) genutzt. Hierbei wird aus den einzelnen CPUs ein virtuelles Computing Cluster gebildet, welches über mobile Breitbanddienste mit der Zentrale verbunden ist. Aus diesen Trends lässt sich skizzenartig folgendes Szenario darstellen:

1. **Datenspeicherung:** Redundante Datenhaltung im Netz, unabhängig vom Endgerät, Rechenzentrum oder Cloud. Sicherstellung von Datensicherheit durch kontinuierliche Reproduktion der Daten im Netz.

2. **Anwendungen:** Zugriff auf Anwendungen im Netz, unabhängig vom Endgerät, Rechenzentrum oder Cloud.

3. **Kompatibilität:** Hohe Standardisierung der Anwendungen und Schnittstellen erlaubt Integration verschiedenster Anwendungen und Datenbestände.

4. **Authentifizierung:** Authentifizierung von Datenpaketen, nicht der Anwendung.

5. **Rechenleistung:** Zugriffsmöglichkeit auf dezentrale Rechenleistung verschiedener Endgeräte bzw. Rechenzentren.

6. **Endgeräte:** Harmonisierung der Endgerätewelt zu einem multifunktionsfähigen „Allrounder", vermutlich ähnlich Tablet PC.

Charakteristisch für ein zukünftiges Sky-Szenario ist vor allem die dezentrale Rechenleistung, die wie ein fragmentiertes Gitternetz die integrierten Cloud-Anwendungen umgibt. Diese dezentrale Rechenleistung umgibt die Anwendungen quasi wie ein „Sternenhimmel". In der folgenden Abbildung (Abb. 30) sind noch einmal die wesentlichen Unterschiede zwischen einem Cloud und einem Sky-Szenario dargestellt:

CLOUD	SKY
• Cloud-Silos	• Clouds werden vernetzt
• Orientierung an "einer" ausgewählten Cloud-Architektur, dominiert die Lösungsentscheidung	• Orientierung an den Lösungen, Architektur rückt in den Hintergrund
• Integrationsfähigkeit innerhalb der Cloud	• Integrationsfähigkeit zwischen den Clouds ist sichergestellt
• Nutzung definierter, zentraler Rechenleistung/ Ressourcen	• Nutzung der Rechenleistung/ Ressourcen im Netz (Smart Computing)
• Teilweise Integrationsfähigkeit bei Endgeräten	• Volle Integrationsfähigkeit bei Endgeräten
• …	• …

Abb. 30 Cloud und Sky im direkten Vergleich

Insgesamt stellt dieses Zukunftsszenario eine Verstärkung der Kerntrends Externalisierung, Virtualisierung und Mobilisierung dar. Getrieben wird dieses Zukunftsszenario im Wesentlichen durch zwei Rahmenbedingungen. Zum einen durch eine kostengünstig zur Verfügung stehenden Infrastruktur von Breitbanddiensten und Speicherkapazität, welche die technische Voraussetzung darstellt, zum anderen durch eine Stärkung der Berücksichtigung von Mitarbeiter Bedürfnissen hinsichtlich ICT-Ressourcen. Es ist davon auszugehen, dass zum einen hochwertige Endgeräte mit hoher Rechenleistung im Sinne von „Bring your own Device" („ByoD") zur Verfügung stehen. Zum anderen werden sich durch das skizzierte Sky-Szenario die Prozesse und Abläufe im Hinblick auf die interaktive Zusammenarbeit im Unternehmen noch stärker ändern und damit eine virtuelle, multimediale Vernetzung zwischen den Mitarbeitern ermöglichen.

Diese Veränderungen werden unmittelbare Auswirkungen auf das Rollenverständnis der Marktteilnehmer haben. Diese Auswirkungen sollen im Folgenden Kapitel zusammenfassend dargestellt werden.

6.3　Auswirkungen auf die Marktteilnehmer

Beim Eintreten des Zukunftsszenarios werden sich die Marktteilnehmer an die neue Gegebenheit anpassen müssen. Im Folgenden sollen die grundsätzlichen Anpassungsrichtungen für die Marktteilnehmer Unternehmen (Kunden), Anbieter von ICT-Lösungen (Anbieter) und die Umsetzungspartner (Systemintegratoren, Systemhäuser und Value Added Reseller) beschrieben werden,

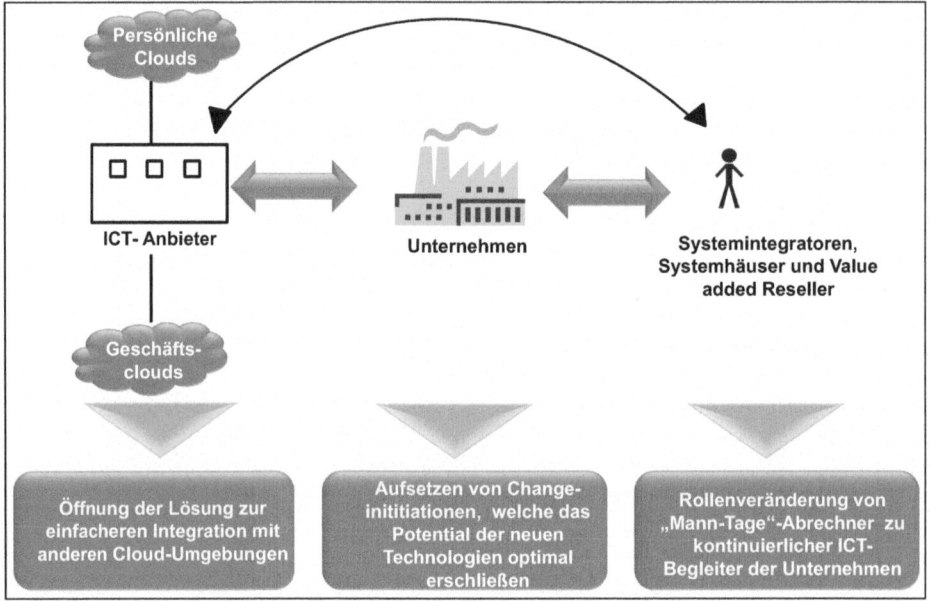

Abb. 31 Auswirkung auf die Marktteilnehmer

Für die Unternehmen besteht erheblicher Veränderungsbedarf in der Beschaffung, dem Betrieb und der Nutzung von ICT-Technologien. Diese Veränderungen müssen im Rahmen eines umfassenden Changemanagements angegangen werden. Hierbei steht zum einen der interne ICT-Bereich, der sich von einem Bereitsteller (inklusive Betrieb und Wartung der Lösung) zu einem Auswähler der am besten geeigneten Lösung entwickelt. Insbesondere durch die größere Freiheit der Mitarbeiter bei der Beschaffung derer Endgeräte müssen neue Management- und Verwaltungskonzepte entwickelt werden. Das Thema der inhomogenen mobilen Endgeräte und den damit verbundenen Sicherheitsherausforderungen sollten frühzeitig angegangen werden. Des Weiteren führt eine verstärkte Nutzung von Cloud und Sky zu einer Veränderung der Prozesslandschaft in Unternehmen, was eine Auswirkung auf sämtliche Mitarbeiter hat. Hierbei müssen Unternehmen frühzeitig beginnen kritisch zu hinterfragen, welche Prozesse tatsächlich unternehmensspezifisch sind und wo ein Standardprozess der Cloudlösung genutzt werden kann. Dies wird in größeren Teilen eine neue Arbeitsweise der Mitarbeiter erfordern, welche gezielt mit Kommunikations- und Schulungsmaßnahmen begleitet werden muss. Ähnlich verhält es sich mit Business Social Media. Diese von Mitarbeitern der Generation C getriebene

Veränderung wird das Kommunikationsverhalten aller Mitarbeiter verändern und nur erfolgreich sein, wenn diese hierauf vorbereitet sind.

Die ICT-Anbieter müssen mit ihren Lösungen sicherstellen, dass diese mit anderen Cloudlösungen kombinierbar sind. Dies bedeutet eine Veränderung in der Cloud-Architektur und eine Öffnung von Schnittstellen. Möglicherweise kommt es auch zu einer noch stärkeren Spezialisierung der Anbieter auf Teilbereiche der Lösungen, in denen sie klare Wettbewerbsvorteile gegenüber der Konkurrenz besitzen.

Die wohl größte Veränderung kommt auf die Systemintegratoren, Systemhäuser oder Value Added Reseller zu. Hier ist zu erwarten, dass sich ihr aktuelles Geschäftsmodell signifikant verändert. Wird heute das Geschäft durch die Anzahl verkaufter Beratungstage bestimmt, so sind die Einführungen von den innovativen ICT-Lösungen deutlich schlanker, einfacher und schneller. Auf der anderen Seite ergeben sich aber auch neue Rollen, welche es zu besetzen gilt. So besteht bei der steigenden Penetration von Cloudlösungen ein Bedarf für die Rolle des Cloudintegrators bzw. des Cloud Brokers. Dieser ist in der Lage unterschiedliche Cloudangebote zu integrieren und so den Unternehmen die optimale Cloudlösung als Kombination unterschiedlichster Anbieter bereitzustellen. Wichtig ist für diese Anbieter über Kompetenz beim „Change Management" zu verfügen, um ihre Kunden durch den Prozess der Einführung und Veränderung der Prozesslandschaft impulsgebend zu begleiten.

Insgesamt besteht somit ein großer Veränderungsbedarf für die gesamte Branche, welche durch die innovativen ICT-Technologien getrieben wird. Stärkster Gewinner dieser Veränderung sind die Unternehmen, welche in der Lage sind hochwertige Lösungen zu deutlich geringeren Kosten in besserer Qualität einzusetzen und damit ihre Produktivität und Wettbewerbsfähigkeit nachhaltig zu steigern.

Schlussbetrachtung 7

Die Vielzahl an Entwicklungen im Bereich Informationsverarbeitung und Telekommunikation hat vor allem eins gezeigt: die ehemals getrennten Märkten sind unwiederbringlich miteinander zu einem integrierten ICT-Markt verschmolzen. Dieser zeichnet sich durch eine hohe technologische Dynamik aus, die in verschiedener Hinsicht eine Herausforderung für Anbieter und Nachfrager darstellt. Anbieter sind gefordert, ihr Produktportfolio konsequent anzupassen und es weiter für den Markt attraktiv zu gestalten. Dies bedeutet, dass folgende Fokustechnologien in einem ICT-Produktportfolio als Standards gelten: Cloud, Virtualisierung, Mobilisierung und Business Social Media. Nachfrager sind gefordert, die sich abzeichnenden technischen Möglichkeiten zu erkennen, zu bewerten und konsequent einzusetzen. Deutschland als Hochtechnologieland braucht flexible Unternehmen, die auf eine leistungsfähige ICT-Infrastruktur zurückgreifen können, um weiter in einer globalisierten Welt wettbewerbsfähig zu bleiben.

Es hat sich gezeigt, dass Unternehmen in einer sehr unterschiedlichen Art neue Technologien nutzen. Angesichts dieser Erkenntnis wurden die Technologie- und Investitionsbarrieren im Detail untersucht. Insgesamt zeigt sich, dass es zwar eine Vielzahl von Ablehnungsgründen für den Einsatz neuer Technologien gibt, aber auch eine Verdichtung auf wenige Hauptgründe nachweisbar ist. Als Hauptgründe zeigten sich primär ein nicht vorhandener oder nicht erkannter Nutzen und außerdem erhebliche Sicherheitsbedenken gerade bei Cloudlösungen.

Die Analyse der Erfahrungen von Unternehmen, die innovative ICT-Lösungen einsetzen, zeigt ähnliche Erfolgsfaktoren: Ausprobieren, Herantasten, Schritt für Schritt Einführung. Die wichtigste Erkenntnis ist jedoch, dass ein Paradigmenwechsel stattgefunden hat: Unternehmen suchen nicht mehr nach Lösungen, die sich ihren Prozessen im Sinn eines Customizing anpassen können. Vielmehr sind sie bereit, ihre Prozesse für innovative und ausgereifte Lösungen in Frage zu stellen und die bestehenden Unternehmensprozesse anzupassen. Allerdings zeigen die dargestellten Unternehmensbeispiele auch die Risiken des Scheiterns auf. Diese sind weniger technologisch, sondern eher menschlich bedingt. So sind beispielsweise die Vorteile für Mitarbeiter nicht erkennbar, sie fühlen sich „nicht mitgenommen" oder stellen gar fest, dass es mit dem Einsatz neuer Lösungen wohl doch nicht so ernst gemeint ist.

Abgeleitet aus den durch die Befragung festgestellten Technologiehürden und der Analyse von Technologiebeispielen in ausgewählten Unternehmen zeigen sich konkrete Handlungsempfehlungen für Anbieter und Nachfrager von ICT-Lösungen. Für Anbieter bedeutet dies eine deutlich präzisere Bestimmung des Zielmarktes, klare Nutzenkommunikation und die Anpassung an OPEX-basierte Geschäftsmodelle. Nutzer sind bei der Planung und Implementierung, Management / Mitarbeiter und Organisation gefordert, flexible und aufnahmefähige Strukturen für neue Technologien zu schaffen. Die Handlungsempfehlungen stellen für Anbieter und Nachfrager eine Art Orientierungsrahmen dar, der den Charakter einer Checkliste beim Umgang mit ICT-Lösungen besitzt. Sowohl Anbieter als auch Nachfrager sind eingeladen, diesen Orientierungsrahmen gemeinsam mit den Autoren zu vervollständigen und zu aktualisieren!

Ein Blick in die Zukunft des ICT-Marktes zeigt die Fortsetzung und Verdichtung zentraler Trends: z.B. die Verzahnung von Cloudlösungen, die Aktualität von Sicherheitsbedenken, die Verfügbarkeit von Bandbreite und die Speicherung von Daten. Als Konsequenz wird sich die vorherrschende Clouddiskussion zu Beginn der zweiten Dekade des 21. Jahrhunderts weiter entwickeln. Ein Zukunftsszenario Sky ist von einer hohen, überall verfügbaren Bandbreite und einer intelligenten Steuerung und Kapazitätsauslastung von Rechenleistung geprägt. Darüber hinaus werden sich Nutzer nicht mehr primär an einer spezifischen Cloud-Architektur orientieren, sondern an einer Cloud-Kompatibilität von einzelnen Cloud-Modulen. Die Nutzung einer heterogenen Endgerätewelt für eine einheitliche Dienstewelt wird Realität und entspricht der Vorstellung von seamless services über verschiedene Technologien hinweg.

Zusammenfassend bleibt festzustellen, dass die Herausforderungen für Anbieter und Nutzer gemeistert werden können: für Anbieter werden die Begleitung und das Beherrschen von Changeprozessen zu einer entscheidenden Kernkompetenz im Wettbewerb. Es geht nicht mehr um die Lösung an sich, sondern darum Kunden als Prozess zu einer Lösung zu führen und einen kontinuierlichen Veränderungsprozess zu unterstützen. Für Nutzer werden Neugier, Auseinandersetzung mit und Implementierungswillen für neue Technologien noch stärker zum strategischen Wettbewerbsvorteil. Unternehmen, die sich auf ihren bestehenden Technologien ausruhen, begrenzen ihre Wachstumschancen im Markt. Unternehmen, die es schaffen neue Technologien spielerisch aufzunehmen, werden aufgrund gerade dieser Fähigkeit mehr als eine Nasenlänge im Markt voraus sein.

Danksagung

Für die intensive inhaltliche und organisatorische Unterstützung in allen Projektphasen des Buches gilt unser ganz besonderer Dank den vielen helfenden Händen, die ein Buchprojekt wie dieses überhaupt erst ermöglichen und für den notwendigen Spaß an der gemeinsamen Sache sorgen:

Aus dem Hochschulteam von Prof. Dr. Jens Böcker (Hochschule Bonn-Rhein-Sieg) gilt unser besonderer Dank der wissenschaftlichen Mitarbeiterin B.Sc. Patricia Brischke für die gesamte organisatorische Begleitung, die Verlagskoordination und inhaltliche Unterstützung. Diese Unterstützung war für uns besonders wertvoll, da wir uns auf diese Weise den Luxus erlauben durften, uns primär auf die inhaltlichen Aspekte des Buches zu konzentrieren. Ebenfalls aus dem Hochschulteam danken wir Frau Dominique Kuck für die akkurate Erstellung der Grafiken.

Unser Dank gilt ebenfalls dem Studententeam Björn Bremmekamp, Lotta Darius, Michael Lanzerath, Deni Markovic, Sarah Messerich, Florian Müller, Michal Sikora, Simon Teichert, Christina Zink sowie Rainer Kröber und Anton Neuchev aus dem B2B Marketing Schwerpunkt des Wintersemesters 2011/2012. Dieses Team hat mit viel Engagement die dem Buch zugrunde liegende Marktforschung durchgeführt, die erhobenen Daten systematisch dargestellt und mit viel Kreativität und Freude die Daten interpretiert.

Ganz herzlich möchten wir uns bei allen Managern bedanken, die sich für unsere ausführlichen Expertengespräche, unsere Fragen und Rückfragen sehr viel Zeit genommen haben: Björn Wolf (Unity AG), Moritz Recke (Scholz & Friends), Marcus Otto (nfon), Gerd Weidinger (CSV GmbH), Michael Groß (EUROGRAHICS AG), Anton Gartner (BEWAG). Gerade die Expertengespräche waren für uns wichtig, um die theoretischen Erkenntnisse und praktischen Erfahrungen optimal miteinander zu verzahnen. Ohne diese Gespräche hätten wir die Relevanz der Fokustechnologien nicht in dieser Form und in dieser Anschaulichkeit darstellen können.

Wir danken ganz herzlich unserer Korrekturleserin Frau Hildegard Göbel die sich nicht von der Vielzahl der Themen und Begriffe in der ICT-Welt hat abschrecken lassen!

Ein besonders dickes Dankeschön geht auch an unsere Partnerinnen Heike Klein und Ulrike Voss-Böcker, die uns die für dieses Buch notwendigen Freiräume – insbesondere für unsere tagelangen Schreibsessions in Schweden – geschaffen haben.

Allen Beteiligten noch einmal ein ganz herzliches Dankeschön!

Glossar / Abkürzungsverzeichnis

24/7   24 Stunden am Tag, 7 Tage die Woche

8/5   8 Stunden am Tag, 5 Tage die Woche

Abb.   Abkürzung für Abbildung

Always connected   Always connected bezeichnet die ständige Verbindung mit dem Internet (Synonym = always on).

Always on   Always on bezeichnet die ständige Verbindung mit dem Internet (Synonym = always connected).

Android   Android beschreibt sowohl ein Betriebssystem als auch eine Software-Plattform für mobile Geräte, wie Smartphones, Mobiltelefone, Netbooks und Tablets. Diese wurde von der Open Handset Alliance (Hauptmitglied Google) entwickelt.

Android Market   Der Android Market ist eine Software des Unternehmens Google, mit der Programme und Spiele für Smartphones und Tablets heruntergeladen und installiert werden können. Diese Software wird standardmäßig auf Smartphones und Tablets mit dem Betriebssystem Android ausgeliefert.

Applikation   Eine Applikation, auch bekannt unter dem Begriff Anwendungssoftware, ist eine Software, die eingesetzt wird, um eine gewünschte nicht systemtechnische Funktionalität zu bearbeiten oder zu unterstützen.

Applikationsserver   Ein Applikationsserver/ Anwendungsserver bezeichnet einen Server in einem Computernetzwerk, auf dem Anwendungsprogramme ausgeführt werden.

App Store   Der App Store ist ein Internet Verkaufsportal für Computerprogramme, die ausschließlich über iOS-Geräte (iPhone, iPad, iPod Touch) laufen. Das Verkaufsportal wurde im Jahr 2008 vom kalifornischen Computerhersteller Apple eingeführt.

Auditing	Unter Auditing versteht man das Protokollieren von Datensätzen, die angeben, welcher Nutzer von IT-Systemen zu welchem Zeitpunkt was getan hat. Die zu speichernden Datensätze beziehen sich hierbei auf sicherheitsrelevante Ereignisse in IT-Systemen.
B2B	B2B ist die Abkürzung von Business-to-Business und bezeichnet Geschäftsbeziehungen zwischen Unternehmen.
B2C	B2C ist die Abkürzung von Business-to-Consumer und bezeichnet Geschäftsbeziehungen zwischen Unternehmen und Konsumenten.
B2E	B2E ist die Abkürzung von Business-to-Employee und beschreibt die Kommunikationsbeziehungen zwischen einem Unternehmen und seinen Mitarbeitern.
Back-up System	Ein Back-up System ist ein IT-Sicherungssystem. Dieses ermöglicht beim Ausfall einer Systemkomponente eine schnelle Wiederherstellung des ordnungsgemäßen Zustandes.
Bandbreite	Der Begriff Bandbreite bezeichnet die maximale Datenübermittlungsrate zwischen Teilen eines Netzwerkes, gemessen in „Bits per Second" (bps).
BDSG	Das deutsche Bundesdatenschutzgesetz (BDSG) regelt den Umgang mit personenbezogenen Daten, welche in IT-Systemen oder auch manuell verarbeitet werden.
Benchmarking	Benchmarking bezeichnet die vergleichende Analyse von Ergebnissen oder Prozessen mit einem festgelegten Bezugswert oder Vergleichsprozess.
Best Practice	Der Begriff Best Practice bezeichnet bewährte Methoden, Praktiken oder Vorgehensweisen im Unternehmen.
Best-of-Breed	Der Begriff Best-of-Breed ist definiert als Kombination aus den besten erhältlichen Softwareapplikationen für verschiedene Funktionen.
Beta User	Als Beta User bezeichnet man die ersten unabhängigen bzw. anonymen Fremduser und Anwender einer zu Testzwecken veröffentlichten Version eines Computerprogramms.
BITKOM	BITKOM ist die Abkürzung für Bundesverband Informationswirtschaft, Telekommunikation und neue Medien e.V.
Blog	Ein Blog, auch Web-Log genannt, bietet eine chronologische Auflistung von Informationen.

Bring your own Device	Bring your own Device (ByoD) beschreibt den Trend, dass Mitglieder von Organisationen ihre eigenen Mobilgeräte in die Organisation mitbringen und damit auf Organisationsserver zugreifen sowie Unternehmensdaten auf den persönlichen Geräten verarbeiten und speichern.
BSM	Business Social Media (BSM) bezeichnet den Einsatz von Social Media innerhalb eines Unternehmens (z.B. Wikis, Blogs).
CAD	Computer Aided Design (CAD) bezeichnet alle Systeme, Verfahren und Techniken zur rechnerunterstützten Entwicklung und Konstruktion mittels spezieller Computer-Arbeitsplätze.
CeBit	Die CeBit ist die weltweit größte jährliche Messe für IT auf dem Messegelände Hannover. Die Abkürzung steht für Centrum für Büroautomation, Informationstechnologie und Telekommunikation.
Clone	Clone ist in der Informatik der umgangssprachliche Begriff für kopierte oder nachgebildete Hard- und Software.
Cloud Computing	Cloud Computing umschreibt einen Ansatz, bei dem IT-Leistungen als Service über ein Netzwerk bereitgestellt werden. Die IT-Leistungen können sich hierbei sowohl auf Software (SaaS), als auch auf die Basis Infrastruktur (IaaS) beziehen.
Collaboration Tools	Collaboration Tools (collaboration: engl. Zusammenarbeit / tools: engl. Werkzeuge) sind Instrumente, die die Zusammenarbeit von Mitarbeitern in einem Unternehmen vereinfachen (z.B. Mindmapping-Tools, Instant Messenger, Video- und Audio-Conferencing-Dienste).
Commodity	Commodity bezeichnet eine standardisierte häufig auch automatisierte Leistung, die von unterschiedlichen Anbietern in gleichartiger Weise erbracht wird.
Content- management System	Das Contentmanagement System ist ein Software-Redaktionssystem, mit dessen Hilfe der Inhalt z.B. von Websites verwaltet wird. Dabei erfolgt eine Trennung vom eigentlichen redaktionellen Inhalt und dem Layout.
CPU	Central Processing Unit (CPU) ist definiert als der „Kern" eines Computers und umfasst die Zentralprozessor(en) und den Zentralspeicher.

CRM

Das Customer Relationship Management (CRM) ist definiert als ein strategischer Ansatz, der zur vollständigen Planung, Steuerung und Durchführung aller interaktiven Prozesse mit den Kunden genutzt wird. CRM umfasst das gesamte Unternehmen und den gesamten Kundenlebenszyklus. Es beinhaltet das Database-Marketing und entsprechende CRM-Software als Steuerungsinstrument.

Customizing

Unter Customizing (engl. to customize = anpassen) versteht man die Anpassung eines Produktes an die Bedürfnisse des Kunden.

Desktop

Der Desktop ist definiert als die Arbeitsfläche einer Benutzerschnittstelle, heute meist auf der Basis einer grafischen Benutzeroberfläche. Bei Einzelplatzcomputern hat jedes Benutzerprofil einen eigenen Desktop.

Digitial Natives

Als Digital Natives (engl. digital natives = digitale Eingeborene) werden Personen bezeichnet, die mit digitalen Technologien wie z.B. Computern, dem Internet, Mobiltelefonen und MP3-Player aufgewachsen sind.

Disaster Recovery

Der Begriff Disaster Recovery bezeichnet Maßnahmen, die nach einem Unglücksfall in der IT eingeleitet werden. Dazu zählt sowohl die Datenwiederherstellung als auch das Ersetzen nicht mehr benutzbarer Infrastruktur und Hardware.

DSL

Digital Subscriber Line (DSL) bezeichnet eine Reihe von Übertragungsstandards bei der Daten mit hohen Übertragungsraten über Kupferleitungen gesendet und empfangen werden.

ERP

Enterprise-Resource-Planning (ERP) bezeichnet die Aufgabe, die in einem Unternehmen vorhanden Ressourcen möglichst effizient für den betrieblichen Ablauf einzusetzen und somit die Steuerung von Geschäftsprozessen zu optimieren.

Externalisierung

Im Kontext von ICT bedeutet Externalisierung die Vergabe von ICT-Leistungen an spezialisierte Dritte.

Facebook

Facebook ist ein in 2004 gegründetes soziales Online-Netzwerk mit weltweit mehr als 955 Mio. Nutzern (Stand Juni 2012).

Gbyte

Ein Gigabyte (Gbyte) ist eine Speichereinheit des Computers, in der z.B. die Kapazität von Festplatten angegeben wird. Ein Gigabyte entspricht 2^{30} (ca.1 Mrd.) Bytes.

Generation C

Generation C bezeichnet die Generation der sogenannten Digital Natives – einer Generation von Menschen, die mit den neuesten ICT-Technologien aufgewachsen sind. Das C steht hierbei für connected (verbunden), communicating (kommunizierend) und content-centric (Inhalte zentriert).

Go Live	Go Live bezeichnet die Einführung eines Systems oder Produktes, auch bekannt als Echt- oder Regelbetrieb.
Google Apps	Google Apps ist ein Service von Google, der verschiedene Google-Produkte unter einem benutzerdefinierten Domain-Namen zusammenfasst.
Green IT	Green IT beschreibt die Bestrebungen, die Nutzung von Informations- und Kommunikationstechnologie über deren gesamten Lebenszyklus hinweg umwelt- und ressourcenschonend zu gestalten.
Grid Computing	Grid Computing ist eine Form des verteilten Rechnens. Hierbei wird ein virtueller Supercomputer aus einem Cluster lose gekoppelter Computer erzeugt. Dieses Prinzip wurde entwickelt, um rechenintensive Probleme zu lösen.
HCM-Matrix	Die Hürden-Cluster-Matrix (HCM-Matrix) ist eine zweidimensionale Matrix und beschreibt den Zusammenhang zwischen relativer Wahrnehmungsdifferenz und der Hürdenintensität.
Home Office	Beim Home Office arbeitet ein Mitarbeiter vom heimischen Schreibtisch aus. Dabei ist er im Idealfall mit seinem Computer per VPN mit dem Unternehmen verbunden und kann so auf das Unternehmens-Netzwerk zugreifen.
Host	Host ist definiert als ein in ein Rechnernetz eingebundenes Rechnersystem mit zugehörigem Betriebssystem, welches Clients bedient oder Server beherbergt.
HSPA	High Speed Packet Access (HSPA) ist eine Erweiterung des Mobilfunkstandards UMTS, das höhere Datenübertragungsraten ermöglicht.
Hub	Ein Hub bezeichnet in der Telekommunikation ein Gerät, das Netzknoten physisch sternförmig miteinander verbindet.
Human Ressources	Human Ressources (engl.human ressources = Humankapital) bezeichnet in der Wirtschaftswissenschaft das auf Ausbildung und Erziehung beruhende Leistungspotential der Arbeitskräfte.
IaaS	Infrastructure-as-a-Service (IaaS) beschreibt eine bedarfsorientierte Bereitstellung von Hardware- und hardwarenahen IT-Ressourcen.
ICT	Information and communication technology (ICT) beschreibt die technologisch getriebene Verschmelzung von Informations- und Telekommunikationstechnik zu einer System- und Netzplattform.

Intranet	Intranet bezeichnet ein unternehmens- bzw. organisationsinternes Computernetzwerk, welches auf dem Internetprotokoll TCP/IP basiert. Das Intranet dient zur Unterstützung unternehmensinterner Prozesse.
iPad	Das Apple iPad ist ein Tablet Computer des US-amerikanischen Herstellers Apple, der sich durch einen berührungsempfindlichen, kapazitiven Bildschirm bedienen lässt.
IP-Centrex	IP-Centrex bezeichnet die Übernahme des Prinzips von Centrex in Voice over IP und bedeutet die Bereitstellung der Funktionen einer Telefonanlage durch einen Provider im öffentlichen Netz.
Konvergenz	Konvergenz bezeichnet in der IT- und Telekommunikationsbranche die Verschmelzung von der Informations- mit der Telekommunikationstechnologie.
Lebenszyklus	Lebenszyklus oder auch Produktlebenszyklus ist ein betriebswirtschaftliches Konzept, das von der Annahme ausgeht, dass die zeitliche Entwicklung eines Objektindikators (z.B. Absatz eines Produktes) in charakteristische Phasen unterteilt werden kann.
Lessons Learned	Lessons Learned ist ein Fachbegriff des Projektmanagements beziehungsweise des Wissensmanagements. Dieser bezeichnet die schriftliche Aufzeichnung und das systematische Sammeln, Bewerten und Verdichten von Erfahrungen.
Live-System	Live-System bezeichnet das Computer-System, welches aktuell genutzt wird.
LTE	Long-Term-Evolution (LTE) beschreibt einen Mobilfunkstandard, der mit bis zu 300 Mbit/s deutlich höhere Downloadraten erreichen kann als bisher verfügbare Mobilfunkstandards.
M2M	Machine-to-Machine (M2M) steht für den automatisierten Informationsaustausch zwischen Endgeräten wie Maschinen, Automaten, Fahrzeugen oder Containern untereinander oder mit einer zentralen Leitstelle.
Mailserver	Der Begriff Mailserver bezeichnet einen Server, welcher Emails empfangen, verwalten, weiterleiten und senden kann.
Mbit/s	Abkürzung für Megabit pro Sekunde
Mio.	Abkürzungen für Millionen
MIT	Massachusetts Institute of Technology (MIT) ist eine Technische Hochschule und Universität in Cambridge, Massachusetts in den USA.

Nutzungsintensität	Im Zusammenhang der ICT ist die Nutzungsintensität der Anteil derjenigen, die eine bestimmte Fokustechnologie einsetzen von denen, die diese Fokustechnologie auch kennen.
OECD	Organisation für wirtschaftliche Zusammenarbeit und Entwicklung (engl. Organisation for Economic Co-operation and Development).
Office IT	Unter dem Begriff Office IT werden Soft- und Hardware für Büroanwendungen zusammengefasst.
Office 365	Office 365 ist eine Cloud-Anwendung des Anbieters Microsoft und beinhaltet neben den Office-Anwendungen, wie Word oder Excel, auch eine Funktion für Webkonferenzen.
Offshore	Im Zusammenhang der ICT bezeichnet Offshore die geografische Verlagerung von ICT-Funktionen, z.B. die Verlagerung eines Rechenzentrums ins Ausland.
On premise	On premise ist ein Modell, bei dem IT vom Anwender selbst betrieben wird.
Opponenten	Im Zusammenhang des Promotoren-Modells leisten Opponenten im Rahmen des organisationalen Kaufverhaltens Widerstand gegen eine Kaufentscheidung.
Outsourcing	Outsourcing ist in der Ökonomie definiert als die Auslagerung von Unternehmensaufgaben an Drittunternehmen.
Pay per Use	Pay per Use ist eine elektronische Abrechnungsart für Dienstleistungen im Internet. Hierbei wird für die einmalige Nutzung bezahlt.
PC	Ein Personal Computer (PC) ist ein Einzelplatzrechner.
Promotoren	Im Rahmen des organisationalen Kaufverhaltens fördern Promotoren die Kaufentscheidung und somit auch Innovationsprozesse in Unternehmen.
Public Cloud	Eine Public Cloud (engl. public = öffentlich) ist eine öffentliche Cloud, bei der IT-Leistungen durch externe Dienstleister über das Internet bereitgestellt werden.
Public Relations	Public Relations (PR) ist definiert als Öffentlichkeitsarbeit bzw. Unternehmenskommunikation. Public Relations bezeichnet in diesem Zusammenhang die öffentliche Kommunikation zwischen Organisationen und ihren internen und externen Ansprechpartnern.
Quick-wins	Unter dem betriebswirtschaftlichen Begriff Quick-wins (engl. quick-win = schneller Erfolg) versteht man eine Strategie mit dem Ziel, zunächst diejenigen Vorhaben zu realisieren, die schnell und mit geringem Aufwand zu erkennbaren Ergebnissen führen.

RAM	Random Access Memory (RAM) ist ein Direktzugriffsspeicher, auf dessen Daten der Prozessor direkt und unabhängig von der Reihenfolge der Speicherung der Daten zugreifen kann.
Relative Wahrnehmungs- differenz	Die relative Wahrnehmungsdifferenz ist definiert als Abstand zwischen der Bewertung der Hürdenintensität zwischen Nutzern und Nicht-Nutzern einer Fokustechnologie.
RFI	Request for Information (RFI), (Leistungsanfrage) ist eine Ausschreibungsvariante zur ersten Sondierung eines Marktes. Potentielle Lieferanten werden angefragt, ob Sie grundsätzlich einen bestimmten Bedarf erfüllen können.
RFP	Request for Proposal (RFP) bezeichnet die Aufforderung zur Angebotsabgabe, also eine Ausschreibung im bekannten Sinne. Die abgegebenen Angebote sind innerhalb einer vereinbarten Frist für die Vertragspartner bindend.
SaaS	Software-as-a-Service (SaaS) ist ein Teilbereich des Cloud Computings. Dieser basiert auf dem Grundsatz, dass Software und IT-Infrastruktur bei einem externen IT-Dienstleister betrieben und vom Kunden als Service genutzt wird.
Safe Harbor Abkommen	Das Safe Harbor Abkommen ist eine Datenschutz-Vereinbarung zwischen der Europäischen Union und den Vereinigten Staaten. Diese ermöglicht europäischen Unternehmen personenbezogene Daten legal in die USA zu übermitteln.
SAN	Das Storage-Area-Network (SAN) bzw. Speichernetzwerk bezeichnet im Bereich der Datenverarbeitung ein Netzwerk zur Anbindung von Festplattensubsystemen und Tape-Libraries an Server-Systemen.
SAP R3	SAP R3 ist ein Unternehmens-Informationssystem des deutschen Software-Unternehmens SAP AG. Mit diesem System können alle geschäftsrelevanten Bereiche eines Unternehmens im Zusammenhang betrachtet werden.
Server	Mit Server bezeichnet man einen Computer in einem Netzwerk, der für andere Computer Dienste oder Softwares bereitstellt.
Server Hosting	Server-Hosting bezeichnet den Betrieb von virtuellen und dedizierten Servern, ggf. auch mit Zusatzleistungen wie Wartung und Datensicherung.
Server Housing	Unter Server Housing versteht man die Unterbringung und Netzanbindung eines Kundenservers im Rechenzentrum eines Internet Service Providers.

Single Sign-On   Single Sign-On bedeutet, dass ein Benutzer nach einer einmaligen Authentifizierung an einem Arbeitsplatz auf alle Rechner bzw. Dienste zugreifen kann ohne sich jedes Mal neu anmelden zu müssen.

SLA   Ein Service-Level-Agreement (SLA) ist definiert als eine Vereinbarung über Qualität und Preis eines Dienstleistungsvertrages.

Smartphone   Ein Smartphone ist ein Mobiltelefon, welches mehr Computerfunktionalitäten aufweist als ein herkömmliches Mobiltelefon.

Spamfilter   Ein Spamfilter (Werbefilter) ist ein Computerprogramm, welches elektronische unerwünschte Werbung filtert.

SQL Server   SQL Server sind relationale Datenbanksysteme. Ihre Daten können über die Abfragesprache SQL abgefragt werden.

Systemhaus   Mit Systemhaus bezeichnet man Unternehmen, die neben Softwareprodukten (Softwarehaus), auch Hardware anbieten, sog. „Komplettlösungen".

System-integratoren   Systemintegratoren sind definiert als Unternehmen, die Software- und Hardware-Produkte anderer Hersteller vertreiben, anpassen, erweitern und in die IT-Landschaft ihrer Kunden aufnehmen.

Tablet PC   Ein Tablet PC ist ein tragbarer, flacher und zudem leichter Computer mit einem Touchscreen-Display.

TKG   Das Telekommunikationsgesetz (TKG) legt die ordnungspolitischen Rahmenbedingungen für den liberalisierten Telekommunikationsmarkt fest.

TüV   TüV ist die Abkürzung für Technische Überwachungs-Vereine. Sie sind u.a. zuständig für die Überprüfung von Kraftfahrzeugen gem. der Straßenverkehrs-Zulassungs-Ordnung (StVZO).

Twitter   Twitter ist eine Social-Media-Plattform. Diese verarbeitet telegrammartige Kurznachrichten über das Internet, deren Länge auf 140 Zeichen begrenzt ist.

Value added Reseller   Ein Value added Reseller (VAR) ist ein Wiederverkäufer (Reseller), welcher dem Produkt einen beliebigen Mehrwert (Value) hinzufügt (engl. to add = hinzufügen).

Virtualisierung   In der Informatik bezeichnet man mit dem Begriff Virtualisierung Methoden zur Zusammenfassung und Aufteilung von Ressourcen eines Computers.

Vor-Ort-Installation   Bei einer sog. Vor-Ort-Installation werden Geräte und/oder Software beim Kunden direkt vor Ort angeschlossen.

VPN	Das Virtual Private Network (VPN) ist ein geschlossenes Rechnernetz. Dieses basiert auf einer öffentlichen Netzwerk-Infrastruktur.
WAN	Wide Area Network (WAN) bezeichnet ein Netz, das über einen geografisch größeren Raum verteilte Datenstationen miteinander verbindet.
War for talents	Der Begriff War for talents lässt sich sinngemäß mit „Kampf um die Besten" übersetzen. Das bedeutet, dass im Informationszeitalter sog. High Potentials die wichtigste aber zugleich auch unzureichendste Ressource eines Unternehmenserfolges darstellen.
Web 2.0	Web 2.0 steht u.a. für interaktive Elemente des Internets. Der Nutzer konsumiert somit nicht nur Inhalte, sondern stellt auch selber Inhalte anderen Nutzern zur Verfügung.
Weiterempfeh-lungsgrad	Der Weiterempfehlungsgrad bezeichnet den Anteil derjenigen, die eine Fokustechnologie weiterempfehlen (Promotoren) abzüglich derer, die diese Fokustechnologie nicht weiterempfehlen (Opponenten).
Wikipedia	Wikipedia ist ein freies Online-Lexikon.
WLAN	Wireless Local Area Network (WLAN) ist ein drahtloses lokales Netzwerk, bei dem die Rechnerkommunikation über Funk nach dem IEEE 802.11-Standard umgesetzt wird.
Work life balance	Work life balance beschreibt einen Zustand, in dem das Arbeits- und Privatleben im Einklang steht.
World Wide Web	Das World Wide Web (www) ist ein über das Internet abrufbares System. Es besteht aus elektronischen Hypertext-Dokumenten, die durch Hyperlinks miteinander verknüpft sind und über die Protokolle http übertragen werden.
Xing	Xing ist ein soziales Online-Netzwerk, in dem Mitglieder vorrangig ihre beruflichen Kontakte zu anderen Nutzern pflegen sowie neue Kontakte generieren können.

Abbildungsverzeichnis

Literaturverzeichnis

Bayer, Martin: Der Tod des Firmen-PCs, 2011
http://www.computerwoche.de/management/it-strategie/2370514/

Bellamin, Hassan: Projekt für Systemprogrammierung WiSe 06/07
www.cs.hs-rm.de/~weber/sysprog/proj06/VirtuelleMaschinen.pdf

BITKOM: Presseinformation – Cloud Computing ist erneut IT-Trend des Jahres, 2011
http://www.pressebox.de/pressemeldungen/bitkom-bundesverband-informationswirtschaft-telekommunikation-und-neue-medien-ev/boxid/399006

BITKOM: Erreichbarkeit ist für die meisten selbstverständlich, 2011
http://www.bitkom.org/de/markt_statistik/64046_68489.aspx

Booz & Company: The rise of the generation C, 2011, S. 4
Buhse, Willms/ Stamer, Sören: Die Kunst loszulassen, 2008, Berlin, S. 17 ff.
CeBIT: Die CeBIT als Herz der digitalen Welt, 2012
http://www.cebit.de/de/ueber-die-messe/themen-und-trends/top-themen

CIO: Symantec Smartphone Honey Stick Project, 2012
http://www.cio.de/knowledgecenter/security/2308116/

Cohen, Daniel/ Garibaldi, Peitro/ Scarpetta, Stefano: The ICT Revolution, 2004, New York, S.15ff.
Gerstel, Markus: „Virtualisierungsansätze mit Schwerpunkt Xen", 2005, München
http://markus-gerstel.de/files/2005-Xen-Slides.pdf

Independent ICT in School Commission: Stevenson Report, 1997
isreport: Fehlende Mobility Strategie ermöglicht IT-Wildwuchs, 2011
http://www.isreport.de/news-events/news/archiv/2011/05/03/article/fehlende-mobility-strategie-ermoeglicht-it-wildwuchs.html

Slideshare, Willkommen auf dem Weg ins offen-vernetzte Geschäft, 2011
http://www.slideshare.net/thomas.keup/von-social-media-zu-social-business

SocialMedia Examiner: Small businesses benefit most from socialmedia study reveals, 2011

http://www.socialmediaexaminer.com/small-businesses-benefit-most-from-social-media-study-reveals/

vmware: Grundlagen der Virtualisierung

http://www.vmware.com/de/virtualization/virtualization-basics/history.html

Wikipedia, Definition Information and communications technology, 2012

http://en.wikipedia.org/wiki/Information_and_communications_technology

Wikipedia, Definition Desktop-Virtualisierung, 2012

http://de.wikipedia.org/wiki/Desktop-Virtualisierung

Gesetzestexte/ Paragrafen:

§ 3 Nr. 6 TKG, Begriffsbestimmung Dienstanbieter

§ 22 ArbZG, Bußgeldvorschriften

§ 23 ArbZG, Strafvorschriften

§ 80 Abs. 1 Nr. 1 Betriebsverfassungsgesetz, Allgemeine Aufgaben des Betriebsrates

§ 206 StGB, Verletzung des Post- oder Fernmeldegeheimnisses

§ 303a StGB, Datenveränderung

§ 42a BDSG, Informationspflicht bei unrechtmäßiger Kenntniserlangung von Daten

(§ 87 Abs. 1 Nr.1, Nr. 6 BetrVG, Mitbestimmungsrechte

Gerichtsentscheidungen:

Bundesarbeitsgericht, Urteil vom 24.03.2011 – 2 AZR 282/10,
Außerordentliche Kündigung – Interessenabwägung – Abmahnung

LAG Berlin-Brandenburg, Urteil vom 16.02.2011 – 4 Sa 2132/10,
Einsichtnahme des Arbeitgebers in dienstliche E-Mails

LAG Niedersachsen, Urteil vom 31.05.2010 – 12 Sa 875/09,
Kündigung wegen exzessiven privaten E-Mail-Verkehrs während der Arbeitszeit

Bundesarbeitsgericht, Urteil vom 07.07.2005 – 2 AZR 581/04,
Fristlose Kündigung wegen Internet-Surfen am Arbeitsplatz

Die Autoren

 Jens Böcker ist Professor für Betriebswirtschaftslehre und Marketing an der Hochschule Bonn-Rhein-Sieg. Darüber hinaus ist er wissenschaftlicher Beirat der Management Beratung Böcker Ziemen GmbH & Co. KG in Bonn. Schwerpunkt seiner Tätigkeit ist die Entwicklung von Marketingstrategien in dynamischen und technologisch geprägten Märkten, wie zum Beispiel dem ICT-Markt. Jens Böcker hat ein Mandat als Aufsichtsratsvorsitzender eines Technologieunternehmens und mehrere Mandate als Beirat in Wissenschaft und Unternehmen inne. Ferne ist er Chairman und Keynote Speaker auf zahlreichen nationalen und internationalen Konferenzen.

 Mark Klein ist als Senior Vice President Commercial Excellence Europe für die Marketing-, Vertriebs- und Customer-Operations-Themen der Deutschen Telekom AG in Europa verantwortlich. Im Rahmen dieser Tätigkeit setzt sich Mark Klein mit den Wachstumsthemen im Technologieumfeld, insbesondere den ICT-Märkten, aktiv auseinander. Vor seiner Tätigkeit bei der Deutschen Telekom AG war Herr Klein für die Einführung von ICT-Technologien für den deutschen Mittelstand bei der Vodafone D2 GmbH verantwortlich.

The manufacturer's authorised representative in the EU is Springer
Nature Customer Service Centre GmbH, Europaplatz 3, 69115 Heidelberg,
Germany. If you have any concerns regarding our products, please
contact ProductSafety@springernature.com

Printed and bound by CPI Group (UK) Ltd, Croydon, CR0 4YY
27/04/2026
02097658-0014